Erbstreit

DDr. Hubert Niedermayr

ERBSTREIT

Der letzte Wille ist erst der Anfang

ueberreuter

1. Auflage 2026

Frankgasse 4 | 1090 Wien
produktsicherheit@ueberreuter.at
ISBN 978-3-8000-7924-7

Covergestaltung und Satz: Lisa Wilfinger | Carl Ueberreuter Verlag
Lektorat: MMag. Marie-Therese Pitner
Druck und Bindung: Finidr s.r.o., Cesky Tesin

www.ueberreuter.at

Inhalt

Einleitung

„Was sagen Sie? Kann das denn sein?“ Erschöpft sinkt der junge Mann, der diese Worte äußert, zurück in den Stuhl. Soeben ist er aufgesprungen, weil ihm sein Anliegen offenbar sehr nahegeht. Er will und kann nicht begreifen, was da vor sich geht.

Was ist passiert? Das versuche ich zu klären. Es ist ein Erstgespräch mit diesem Mandanten und ich erkenne schon in den ersten Minuten, dass es sich hier um alles andere als einen typischen Erbrechtsfall handelt. Das erkenne ich nicht nur an der Aufregung, der Vehemenz, mit der er sich erklärt – die sind nur zu verständlich, geht es doch beim Erben meistens um Tod und Verlust eines Angehörigen –, sondern vor allem auch am Inhalt, der tatsächlich schier unglaublich ist.

„Meine Tante hatte ALS.“ Mein Gott, nein! Eine schreckliche Krankheit – Amyotrophe Lateralsklerose bedeutet fortschreitenden Verfall, zunehmende Lähmung. Ich denke an den berühmten britischen Physiker Stephen Hawking, der nach jahrelangem Leiden zuletzt nur noch mit Augenbewegungen kommunizieren konnte.

„Ja, ALS.“ Der mir gegenüber Sitzende bemerkt meine schockierte Reaktion. „Sie hat Tag und Nacht Hilfe gebraucht. Sie wurde immer schwächer. Und ihr Bruder hat das ausgenutzt. Eiskalt und berechnend.“

„Bitte versuchen Sie, mir zu helfen“, wende ich mich an den Mandanten. „Ich muss das verstehen – ist die Tante verstorben?“ Der Angesprochene nickt. Mir wird klar, dass ihm die Verstorbene sehr viel bedeutet haben muss.

„Sie ist kurz vor Weihnachten gestorben. Sie wollte das Fest unbedingt noch erleben. Aber leider ist es nicht mehr dazu gekommen.“

„Wissen Sie: Hatte Sie ein Testament?“

„Eines?“ Ich spüre den Emotionspegel wieder steigen. „Eines? Gleich mehrere! Das ist ja das Problem.“ Mein Gegenüber atmet ernüchtert aus. „Ihr Bruder hat sie schon seit Monaten bedrängt, sie solle ihm alles überschreiben. Das wollte sie nicht. Sie hat sich, solange sie noch die Kraft dazu hatte, dagegen gewehrt. Sie war bei Rechtsanwälten, Notaren. Sie hat allen gesagt, zu denen sie noch Kontakt hatte, dass der Bruder auf gar keinen Fall etwas bekommen soll. Aber irgendwann sind ihre Kräfte dann geschwunden …“

Ich stelle mir das lebhaft vor: Eine an sich stolze, selbstbewusste, selbstbestimmte Frau, so mein rasch gewonnener Eindruck, die von einer fatalen Krankheit ausgezehrt wird. Und der Bruder … Wenn das nur im Ansatz stimmen sollte, dann sind eiskalt und berechnend vielleicht noch zurückhaltende Charakterisierungen.

„Sie hat bis zuletzt eine große Landwirtschaft besessen. Natürlich, bewirtschaften konnte sie die schon jahrelang nicht mehr. Aber bis zur Krankheit war das ihr ganzer Lebensinhalt. Und ich war als Hoferbe vorgesehen. Ich habe dort mehr als zehn Jahre gearbeitet. Und am Schluss hatte ich das alles gepachtet.“ Und er fährt fort: „Und jetzt? Jetzt soll das alles umsonst gewesen sein? Nur weil dieser … [Kraftausdrücke will ich hier nicht zitieren] keinen Anstand hat und nur aufs Geld aus ist.“

Es stellt sich Folgendes heraus: An sich hatte die Tante schon alles geregelt. Sie war beim Notar gewesen, der Neffe war dabei. Das Testament hat vorgesehen, er solle alles erben. Und der Bruder nichts. Jahrelang hatte sie sich von diesem schlecht behandelt gefühlt, jahrelang hatte er ihr den Eindruck gegeben, weniger wert zu sein als er. Es wäre schon eine Frechheit gewesen, dass sie den Hof von den Eltern geerbt hat. Das sei nicht mit rechten Dingen zugegangen. Also hat sie ihn enterbt. An sich verständlich, nicht?

Allein: Just zwei Tage vor ihrem Tod ist es tatsächlich dazu gekommen, dass sie noch ein handschriftliches Testament geschrieben hat. Ein anderes, ein so ganz anderes. Plötzlich war der Bruder als Alleinerbe vorgesehen. Und in dieser Konstellation, so muss ich den vor mir sitzenden Neffen aufklären, würde er nichts bekommen – vorausgesetzt, das Testament „hält".

„Sie hat noch am Tag vor dem Tod einem Nachbarn gesagt, sie hätte einen Blödsinn gemacht. Sie wollte das nicht. Der hat sich nicht ausgekannt. Für mich hat das dann aber schon Sinn ergeben." Der Neffe schluckt. „Und sie konnte das Testament nicht mehr ändern, weil sie dann zusammengebrochen ist und ins Krankenhaus musste. Und dort ist sie gestorben."

Erben ist menschlich – über das Erbe zu streiten allerdings auch

Jeder Todesfall ist tragisch. Manchmal aber weckt er auch Hoffnungen: auf Besitz, Geld, Eigentum. Denn ein Mensch, der stirbt, hinterlässt etwas. Oft eine Lücke, gelegentlich ein Vermögen.

In Österreich sterben jedes Jahr rund 90.000 Menschen.[1] In all diesen Fällen stellt sich die Frage, wem dasjenige, was der Verstorbene besaß, zukommen soll. Hat der Erblasser das zu Lebzeiten geregelt, scheint die Sache klar. Etwa ein Drittel aller erwachsenen Österreicher haben sich dazu entschieden, ein Testament zu verfassen.[2] Das ist auch verständlich: Denn was liegt näher, als selbst darüber bestimmen zu wollen, was nach meinem Tod mit dem, was ich geschaffen habe, was mir wichtig war, was von mir bleibt, geschehen soll?

Im Jahr 2024 wurden im Bundesgebiet ca. 21 Milliarden Euro vererbt. Für 2025 werden bis zu 40,8 Milliarden Euro an Erbschaftsvolumen prognostiziert. Beachtliche Zahlen, meinen Sie nicht? Und es ist nicht nur diese schier unglaubliche Zahl, die verblüfft. Auch wenn das durchschnittliche Erbe 2024 bei etwa 20.000 Euro lag und für 2025 auf etwa 33.000 Euro geschätzt wird, liegt der Mittelwert bei rund 150.000 Euro.[3] Das ist je nach Gegend schon ein Wochenendhaus im Grünen. Dieser Mittelwert gibt an, welche Summe genau in der Mitte der vererbten Beträge liegt. Die Hälfte der ausbezahlten Erbteile liegt darunter, die Hälfte darüber.

Wirklich bedeutend aber sind die oberen 10 %. Sie erben im Durchschnitt 300.000 Euro und mehr.[4] Haus- bzw. Wohnungseigentum – oder doch nur ein Mittelklassewagen? Das ist die Bandbreite, innerhalb der wir uns im Schnitt bewegen.

Diese Zahlen zeigen, dass es oft wirklich um etwas geht. Und das ist nur die finanzielle Komponente.

Erben ist Zukunft

Wer weise mit seinem Vermögen umgeht, denkt natürlich auch an die Zukunft. Wer verantwortungsvoll ist, denkt an seine Nachkommen. Denn was nach meinem Tod von mir bleiben soll, kann ich ganz wesentlich bestimmen. Ich kann verfügen, wer was unter welchen Bedingungen wann bekommen soll. Ich kann nach meinen eigenen Maßstäben für Gerechtigkeit sorgen – natürlich immer innerhalb der Schranken des Gesetzes.

Und hier sind wir schon beim wichtigen Stichwort: dem im Gesetz geregelten Pflichtteilsrecht. Es ist in Österreich nämlich grundsätzlich nicht möglich, sein gesamtes Vermögen nur einer oder mehreren bestimmten Personen zu vermachen, leibliche Angehörige aber auszuschließen. Ehemann, Ehefrau und Kinder müssen etwas bekommen, sie dürfen nicht leer ausgehen. Das nennt man die Pflichtteile. Verpflichtend ist daher ein Teil der Erbmasse an diese Personen abzugeben. Dass damit nicht jeder – vor allem diejenigen, die eigentlich nach dem

Willen des Verstorbenen erben sollten – einverstanden sein wird, liegt auf der Hand.

Erben ist menschlich. Über das Erbe zu streiten allerdings auch. Schätzungen zufolge ziehen rund 10 % aller Todesfälle juristische Streitigkeiten über das Erbe nach sich.[5] Das bedeutet pro Jahr Zigtausende gerichtliche Auseinandersetzungen vor den Bezirks- und Landesgerichten. Wenn es in die Instanzen gehen sollte, auch vor den Oberlandesgerichten – und schließlich vor dem Obersten Gerichtshof, der in den ehrwürdigen Hallen des Wiener Justizpalasts amtiert, in dem Justitia über den weltlichen Dingen thront. Richter haben dann die Ehre, in solchen Streitigkeiten Recht sprechen zu müssen.

Und es macht nicht den Anschein, als würde die Zahl in Zukunft abnehmen, denn: Der Wandel unserer Gesellschaft schreitet voran. Patchwork-Familien schaffen bis vor Kurzem noch ungeahnte neue Realitäten. Ein Vater mit zwei Kindern aus erster Ehe heiratet eine dreifache Mutter, die ihre Kinder ebenfalls in die neue Ehe mitbringt. Glücklich leben alle zusammen. Friede, Freude, Eierkuchen. Was alles wie eitel Sonnenschein wirkt, droht beim Tod eines Ehepartners auseinanderzufallen: Wer darf erben? Alle Kinder – oder nur die eigenen, unmittelbar blutsverwandten?

Die Familienstrukturen sind daher ungleich komplexer als noch vor wenigen Jahren. Früher war die Sache klar: Die Kinder erben von den verstorbenen Eltern. Heute ist das allerdings viel verworrener: Welche Kinder von welchen Eltern? Stiefkinder, Patchwork-Enkel, Lebenspartner und vormalige Lebensgefährten beanspruchen alle ihr Recht.

All das ist eingebettet in einen gesellschaftlichen und wirtschaftlichen Trend, der die altbekannte Welt unumkehrbar umwälzt. Die berühmte Generation der Babyboomer tritt ab – und hinterlässt Immobilien, Vermögen, Unternehmen. Noch nie in der Menschheitsgeschichte ist es einem derart großen Teil der

Bevölkerung in wenigen Jahrzehnten gelungen, Vermögen aufzubauen und zu sichern. Für die Generation meiner Eltern, die nun in den Ruhestand tritt oder der das unmittelbar bevorsteht, war es selbstverständlich, schon mit 20, 25 Jahren in Liegenschaftseigentum zu investieren. Vielleicht ein Haus zu bauen, eine Eigentumswohnung zu finanzieren. Etwas, das für die nun junge Generationen ausgeschlossen erscheint. Vermögensaufbau für die heute Heranwachsenden bedeutet Hoffnung auf eine Erbschaft, nicht wie früher: Überstunden, sparen, investieren. Erbschaften haben daher eine ganz andere wirtschaftliche Bedeutung als früher.

Gleichzeitig gibt es Faktoren, die erbrechtliche Auseinandersetzungen noch zusätzlich befeuern: Patchwork-Familien mit ihren vielschichtigen Interessenlagen haben wir bereits erwähnt. Dazu kommt die allgemein steigende Lebenserwartung – und mit ihr oft jahrzehntelange Pflegebedürftigkeit. Schuld und Dankbarkeit sind hier wichtige Elemente des Empfindens, während familiäre Verantwortung, Anspruch und Abgeltung für das Recht entscheidend sind. „Wer pflegt mich einmal, wenn ich gebrechlich bin? Soll er/sie dann das ganze Erbe bekommen?“ auf der einen und „Bin ich, wenn ich als Erbe vorgesehen bin, tatsächlich dazu verpflichtet, rund um die Uhr zur Pflege da zu sein? Was ist, wenn ich das nicht will oder nicht kann?“ auf der anderen Seite lauten hier die immer wieder gleichen Fragen.

Immobilienvermögen, ein Markenzeichen der Generation der Babyboomer, bindet Kapital. Es ist nicht so einfach zu teilen. Und auch wenn man sich im Erbenkreis über die Aufteilungsquoten einig ist, fällt die Finanzierung oft schwer. Es ist nicht einfach, als junger, noch wenig kreditwürdiger Mensch, der gerade das eigene Leben und vielleicht das der wachsenden eigenen Familie finanzieren kann, noch Sicherheiten zur Verfügung zu stellen und Rückzahlungen zu bedienen, um andere auszubezahlen.

Auch die Familienbande selbst ändern sich. Sie haben eine andere Qualität als früher. Noch vor wenigen Jahrzehnten war es nicht unüblich, dass zwei, oft sogar drei oder vier Generationen unter einem Dach gelebt haben. Das ist heutzutage eine fast undenkbare Ausnahme geworden. Der Trend geht in Richtung Individualisierung, Verwirklichung der eigenen Lebensträume. Das macht solidarische Lösungen im Familienkreis schwieriger.

Wir alle wissen, dass eine Generation schon einen riesigen Unterschied dabei machen kann, was man für richtig und für falsch hält. Streitigkeiten zwischen Übergebern (meist Eltern/Schwiegereltern) und Übernehmern (meist Kinder/Schwiegerkinder) von Wohnobjekten, die man gemeinsam bewohnt, stehen daher auch an der gerichtlichen Tagesordnung. „Warum sind die Kinder so undankbar? Ich habe ihnen doch alles geschenkt – und nun lassen sie mich links liegen!" konkurriert dann oft mit „Warum lassen mich die Eltern nicht mein eigenes Leben führen? Warum müssen sie mir immer dreinreden?" Berechtigte Fragestellungen, jede einzelne für sich, zweifellos. Aber aus der Perspektive des jeweils anderen sind sie oft unverständlich. Manchmal hilft ein klärendes Gespräch. Oft sind die Fronten allerdings so verhärtet, dass ein Richter Recht sprechen muss.

Deswegen wird kompetente rechtliche Beratung immer wichtiger. Das österreichische Erbrecht, in den letzten Jahren modernisiert, geht in seinen Grundzügen auf die kaiserlich-königliche Monarchie zurück. Gerade der Pflichtteilsgedanke ist unmittelbar auf die legendäre österreichische Kaiserin Maria Theresia und ihren Sohn, den Reformator Josef II., zurückzuführen. Die Idee, dass auch nicht erstgeborene Kinder einen Anspruch auf das Erbe haben sollten, war damals wirklich revolutionär. Auch Töchter sollen einen Anspruch haben? *Mon Dieu!* Ich bitte Sie! Die Welt steht nimmer lang …

Die Habsburgermonarchie war auch durch kluge Heiratspolitik zu beeindruckender Größe angewachsen. „Tu, felix Austria, nube!" – „Du, glückliches Österreich, heirate!" war denn auch der Leitspruch dieser Dynastie. Ein Pflichtteilsrecht könnte zu empfindlichen Zerwürfnissen führen und dazu, Vermögen auseinanderzureißen.

Aus dem landwirtschaftlichen Bereich kennen wir diese tief sitzenden Ängste noch heute. Wollen alle drei Kinder ihren Anteil vom Betrieb, der das Erbe darstellt, würde es diesen schwer belasten. Wie sollte der Hoferbe weiterhin erfolgreich wirtschaften, wenn er Kredite aufnehmen und den Betrieb belasten muss, um Ansprüche auszuzahlen?

Doch niemand soll auf der Strecke bleiben. Keine Kinder, keine Witwe, kein Witwer. Darum Pflichtteile als Bürgerpflicht. Im Einzelnen ist die rechtliche Regelung allerdings ziemlich kompliziert. Gerade deswegen sollte man in diesem Bereich rechtliche Unterstützung in Anspruch nehmen.

Das ist aber nicht alles. Der rasche gesellschaftliche Wandel mit geänderten Sozialstrukturen wird im Erbrecht berücksichtigt. Das Recht weist den Berechtigten Ansprüche (also: Geld) zu. Aber es gibt noch einen weiteren Bereich, der in der Praxis von erheblicher Bedeutung ist, mit der Sprache des Rechts aber nicht richtig zu fassen ist:

Das Testament, die letzte Botschaft eines Menschen an die Nachwelt

Geld ist zweifellos wichtig, es schmiert den Motor der Welt. *Money talks*, lehrt uns die Geschichte. Aber wir dürfen den Tod eines Menschen nicht allein mit Dollarzeichen in den Augen betrachten. Hier spielt viel mehr mit: Wünsche, Hoffnungen, aber auch Ängste. Was wird nach meinem Tod geschehen? Wem bin ich verantwortlich und wie weit reicht diese Verantwortung? Wer „verdient" meine Zuwendung, wer nicht? Und schon im Vorfeld spielen oft Gedanken eine Rolle, die über die nächsten Jahre des Lebens entscheiden sollen: Wer wird mich einmal pflegen, wenn ich Hilfe brauche? Wie kann ich mich absichern, diese auch zu bekommen?

Wir können also sagen: Der Verstorbene will mit seinem Erbe der Welt eine Botschaft hinterlassen. Wenn wir die nur immer richtig verstehen könnten! Und da wir das nicht immer können, stülpen wir dem nur allzu gern eine emotionale Komponente über: Wer mehr erbt, wurde vom Erblasser auch mehr geliebt. Wer weniger bekommt, hat sich nur weniger Liebe verdient. Und wer gar nichts erben soll, ist verdächtig. Da muss es doch „etwas gegeben haben", heißt es dann oft. Der Erblasser wird sich doch etwas dabei gedacht haben, eine Enterbung spricht man doch nicht ohne Grund aus!

Das Erbe zu klären, bedeutet daher auch: Anerkennung zu verteilen. Liebe. All die alten, oft nur notdürftig verheilten Wunden werden wieder aufgerissen, nicht gesagte Wahrheiten plötzlich Thema.

Der Vater, der Tyrann, vor dem sich alle gefürchtet haben – und der doch fürsorglich gepflegt wurde, als er sich, dement und hinfällig, nicht mehr selbst helfen konnte. Mit seinem Tod bricht alles auf: Die verbleibende Familie, nun ohne die übermächtige Belastung der Pflege, hat plötzlich Luft zum Atmen – und Zeit zum Nachzudenken. Familiäre Rollen, die sich oft über Jahrzehnte eingespielt haben, werden plötzlich ganz neu verteilt. Interessante Dynamiken entstehen. Der Sohn, der schon 30 Jahre lang keinen Kontakt mehr zum Vater gehabt hat, spielt plötzlich die Hauptrolle. Er beansprucht seinen Anteil. Er, gerade *er!* So klagt dann oft das Umfeld, voller Unverständnis über diese Unverfrorenheit. *Er* hat den Vater doch im Stich gelassen!

Das sind die Ingredienzen, die eine kräftige Brühe ergeben. Entschlossen verrührt, gewürzt mit einer deftigen Prise Emotion, ergeben sie ein Gebräu, das manchmal explosiver nicht sein könnte. Selbstsicherheit wird dann mit Hartnäckigkeit konfrontiert, die Gewissheit, die eigentliche Familie des Verstorbenen zu sein, mit stolzer Selbstbehauptung, die ihr Abstammungsrecht beansprucht.

Dann landen solche Fälle als Erbstreit bei Gericht. Manchmal scheint der familiäre Gedanke zu überwiegen. Oder es ist die Vernunft. Dann findet man eine Einigung, mit der im besten Fall alle auch in Zukunft leben können. Oft aber ist das nicht möglich. Verletzungen aus der Vergangenheit kommen hoch und schnüren die Kehle zu. Während wir den Vater gepflegt haben, hat *er* sich nie anschauen lassen. Nein, der darf nichts bekommen! Innerlich verhärtet, kann man, will man nicht mit der Gegenseite reden. So eskaliert der Prozess. Und es passiert das, was erfahrene Gerichtspersonen nur allzu gut kennen: Immer weitere Zeugen werden aufgeboten, immer weitere Sachverständigengutachten eingeholt. Man verlässt sich auf die erhoffte letztgültige, alles entscheidende gerichtliche Gerechtigkeit – nur um am Ende allzu oft zu erkennen, dass es eine absolute Gerechtigkeit auf Erden nicht geben kann. Gerichtsprozesse enden mit Beschlüssen oder Urteilen; selten jedoch werden diese von allen Beteiligten als gerecht und fair anerkannt.

Uninformiertheit ist im Erbrecht besonders teuer

Familien zerbrechen, Vermögen werden vernichtet, Lebenswerke stürzen ein – nur weil niemand die Spielregeln versteht.

Erben betrifft nicht nur das Recht. Das sei nochmals festgehalten, weil es so ungeheuer wichtig ist. Zumindest genauso viel ist es *gelebte* Psychologie. Psychologische Aspekte manifestieren sich in aller Deutlichkeit nicht nur in der manchmal schwül-drückenden Atmosphäre eines Gerichtssaals, sondern auch am Familientisch. Nachts, wenn man sich im Bett wälzt und nicht einschlafen kann. Oder in meinem Büro.

Als langjähriger Erbrechtsanwalt und TV-Experte weiß ich: Findet man den richtigen Ton, liegt eine günstige Lösung in Reichweite. Ein offener, sympathischer Gesichtsausdruck, eine freundliche Begrüßung der Gegenseite – und alles ist möglich, und das oft schneller als erwartet. Wird allerdings die falsche Saite zum Schwingen gebracht, kann das fatal enden. Ein falsches Wort, ein Verziehen der Mundwinkel zum falschen Zeitpunkt – und die letzte Gesprächsbereitschaft der Gegenseite ist erloschen. Abscheu verstärkt dann kalte Entschlossenheit. Und dann wird gekämpft bis zum tatsächlich letzten Blutstropfen, es fließen Blut, Schweiß und Tränen. Jetzt erst recht!

Und dann ist der wichtige Aspekt, um den es auch und gerade gehen sollte, völlig in den Hintergrund gedrängt: Wie kann ich in Zukunft meiner Familie noch respektvoll in die Augen schauen? Wie können wir, Fleisch und Blut des Verstorbenen, in Zukunft noch miteinander reden?

Wir Menschen meinen oft, all unsere Entscheidungen wären vernünftig. Wenn wir uns für etwas entscheiden, dann wägen wir alle Argumente, die dafür und dagegen sprechen, sorgfältig gegeneinander ab. Und wir entscheiden dann aufgrund der Überzeugung, das für uns Richtige zu wählen.

So meinen wir. Leider ist diese Annahme falsch, wie uns die Psychologie lehrt. Der Großteil der Entscheidungen wird unbewusst getroffen. Und auch diejenigen, die wir bewusst treffen, kommen meist aus dem Bauch heraus. Es sind Gefühle, Stimmungen, Emotionen, die uns eigentlich leiten.[6]

Gerade das Erbrecht ist in Spielfeld, auf dem juristische Bestimmtheit auf psychologische Komplexität trifft. Das Recht lebt von Klarheit. Wenn ich im Testament verfüge, dass etwa meine Ehefrau alles bekommen soll und der Sohn aus erster Ehe nichts, dann ist mein Wille rechtlich klar nachvollziehbar. Die Ehefrau ist Alleinerbin und mein Sohn gilt als enterbt.

Wie aber wird sich der Sohn fühlen? Wird er diesen Willen akzeptieren? Wird er vielleicht einsehen, dass das emotionale Band zwischen uns doch kein so intensives war – und es hinnehmen, dass er nichts bekommen soll? Oder wird er vielleicht zu Recht annehmen, ich hätte ihn deswegen enterbt, weil ich mich für ihn geschämt habe? Oder noch viel eher: Weil ich mich vor mir selbst geschämt habe, den Sohn und seine Mutter damals im Stich gelassen und mich stattdessen voll meiner neuen Familie zugewendet zu haben, und mit der alten nichts mehr zu tun haben wollte?

Wie wird meine nunmehrige Witwe empfinden? Wird sie sich nicht im Recht fühlen und nicht bereit sein, irgendetwas an den Sohn abzugeben, den sie vielleicht gar nicht kennt?

Und mit jedem Gedanken an ihn sticht es sie in die Seite – jedes Mal peinigt sie der Eindruck, dass da vor dem glücklichen Familienleben noch ein *anderes* gewesen sein muss, ein ihr fremdes. Eines, über das sie nichts sagen kann, eines, das mit einer anderen Frau und dem gemeinsamen Kind stattgefunden hat – eines, aus dem sie völlig ausgeschlossen war und für immer ausgeschlossen bleiben wird. Ewig – und vorbei. Entwertet der Sohn, der nun plötzlich doch Ansprüche stellt, nicht das gemeinsame Glück der zweiten Ehe, die Lebensleistung, das Lebensglück, ja, die Person des Verstorbenen selbst?

Was Sie in diesem Buch erwartet

Ich bin seit nun bald 20 Jahren Rechtsanwalt. Ich habe alles gesehen, wozu der Mensch fähig ist. Ich habe alles nur Denkbare innerhalb und außerhalb der Gerichtssäle erlebt. Ein Zeuge, der wie aus dem Nichts auftaucht und schlagartig alles ändert. Personen, die während der Vernehmung zusammenbrechen, weil sie dem Druck der selbst konstruierten Lüge nicht mehr standhalten können. Herzinfarkte im Gerichtssaal. Körperliche Attacken. Tränen der Verzweiflung, Schreie der Wut. Selbstvermessenheit. Eiskalte Berechnung. Lodernden Hass. Und nicht zuletzt: tiefe Befriedigung über einen errungenen Erfolg.

Und ich bin Systemischer Coach. Als solcher weiß ich, dass wir Menschen in einem System leben. Wir sind von anderen abhängig. Wir beeinflussen andere. Und andere beeinflussen uns. Zusammen mit meinem Wissen aus dem Psychologiestudium ermöglicht mir das, hinter die Fassade zu blicken. Ich kann grundlegend nachvollziehen, wie wir Menschen ticken. Ich weiß, was uns im Innersten antreibt. Was hemmt, wo die Grenzen liegen. Wo das gemeinsame Beste liegen könnte, auf das sich alle einigen könnten.

Mein Anliegen in diesem Buch ist meine Mission: Ich möchte aufklären. Entwirren. Verständlich machen. Stärken.

Keine Fallkonstellation gleicht einer anderen bis aufs Haar, aber das Recht bleibt immer dasselbe. Recht ist für alle gleich – genau für diesen Zweck wurde es geschaffen. Auch die psychologischen Hintergründe sind immer vergleichbar. Das erlaubt mir, Parallelen zu erkennen und Rückschlüsse zu ziehen. Es geht mir daher vor allem darum, Ihnen zu zeigen, wie Erben funktioniert.

Mir ist es besonders wichtig, das lebensnah und verständlich zu tun. Ich schreibe hier kein trockenes Fachbuch, das gelehrsam, aber kaum verständlich ist; ich schreibe für Menschen. Ich schreibe für Sie! Ich will, dass Sie das Buch nicht nur mit einem Verständnis abschließen werden, was derzeit in Grundzügen im Recht geregelt ist. Nein, ich will darüber hinaus Hilfestellungen bieten, sich in solchen Extremsituationen verstanden und sicher zu wissen.

Mit anderen Worten: Sie sollen das Thema Vererben und Erben nicht nur im Kopf verstehen, sondern auch mit dem Herzen. Denn ein Todesfall in der engsten Familie ist nichts weniger als ein drastischer Einschnitt. Eine Zäsur im Leben. Alle Betroffenen leiden darunter. Manche kommen rasch darüber hinweg, vielen jedoch fällt das nicht so leicht. Und manche ringen ihr Leben lang damit, vor allem, wenn noch Unaufgearbeitetes vorhanden ist.

Ich werde hier nicht nüchtern die gesetzlichen Regelungen abhandeln. Dazu gibt es schon so manch gelehrte Bücher, in die sich einzulesen nur manchmal etwas mühsam sein könnte. Das Bücherregal in meinem Büro ist jedenfalls voll davon … Vielmehr will ich Ihnen anhand von Praxisfällen zeigen, wie es gemacht wurde – und wie es besser hätte gemacht werden können. Es ist nämlich nicht nur das Recht, das entscheidet. Oft ist es wichtig, seine eigenen Emotionen zu verstehen, und manchmal auch, sie unter Kontrolle zu halten. Berührend, tragisch, absurd sind manche Fälle.

Dem Charakter dieses Buches würde es nicht entsprechen, gerichtliche Entscheidungen zu zitieren. Auch mit Gesetzesbestimmungen werde ich sehr zurückhaltend umgehen. Ich will Ihnen den trockenen Gesetzestext nicht vor die Füße knallen. Wichtige Normen aber stelle ich im Anhang zur Verfügung und werde im Fließtext durch Endnoten darauf aufmerksam machen.

Gerade im Bereich des Erbens sind es dieselben Konstellationen, die sich immer wieder zeigen: Über Geld spricht man nicht. Man schweigt es tot. Bis über den Tod hinaus. Auf dass die Erben munter streiten … Der Vater verlässt in jungen Jahren Frau und Kind und sucht sein Glück in einer neuen Familie. Oder ein Kind ist das Lieblingskind, wird während des Lebens nur allzu gern bevorzugt – und das andere ist das schwarze Schaf der Familie, das möglichst wenig oder sogar nichts bekommen soll. Oder der Erblasser erkrankt im fortgeschrittenen Alter an Demenz – und jemand drängt sich in sein Leben, schließt die anderen Bezugspersonen, oft sogar engste Verwandte, völlig aus und schirmt den Hilfsbedürftigen vollständig ab. Dieser „revanchiert" sich für diese Unterstützung mit einem äußerst wohlwollenden Testament, während die Ursprungsfamilie – erkennend, dass *nichts mehr da* ist oder alles an den oft unbekannten Anspruchsteller gehen soll – verzweifelt.

Ein Einblick in praktisch erlebte Fälle erleichtert es, diese typischen Konstellationen zu verstehen. Paragrafen können wir nachlesen, die Fachbücher sind voll davon, aber Entscheidungssituationen, real durchlebte Fälle? Wenn es gilt, die Entscheidung zu treffen, ob man in den Angriff gehen oder den Konsens suchen und Streit vermeiden soll, was ist dabei wohl hilfreicher: Faktenkenntnis oder doch Erfahrungswissen aus erster Hand? Wer weiß, vielleicht finden Sie sich selbst in einigen Wochen, Monaten oder Jahren in einer solchen Situation wieder.

Ich gebe praktische Hinweise, wie Streit vermieden werden kann – oder wie er zu führen ist, wenn er schließlich doch unvermeidlich ist. Ich lade Sie ein, einen Blick darauf zu werfen, was Erben eigentlich bedeutet. Für Familien. Für Beziehungen. Für unsere Gesellschaft. Und vor allem: für SIE.

Allerdings muss ich festhalten: Als Erbrechtsprofi unterliege ich selbstverständlich strengster Verschwiegenheit. Das ist mir gesetzlich vorgegeben und mir auch selbst ein wesentliches Anliegen. Ich werde daher zwar konkrete Fälle präsentieren, jedoch in einer Form, dass Personen nicht erkannt werden können. Sowohl der Redaktion als auch mir selbst ist es in dem Fernsehformat: „ERBSTREIT. Der letzte Wille ist erst der Anfang“ ein Anliegen, Personen nicht vorzuführen. Wir achten bewusst auf Seriosität. Wichtig ist uns nicht in erster Linie der Effekt, sondern der Inhalt.

So will ich es auch in diesem Buch halten. Die in diesem Buch vorgestellten Personen orientieren sich an realen Personen, sind manchmal aber auch aus mehreren Personen sozusagen „zusammengesetzt“. Die Orte des Geschehens werden ebenfalls geografisch verschoben. Ein Fall, der mich in Salzburg beschäftigt hat, wird hier beispielsweise als Kärntner Fall präsentiert. Mir geht es darum, die grundlegenden Strukturen darzustellen, von denen ich mir erhoffe, dass sie zu Ihrem Verständnis beitragen. Es geht mir nicht darum, jemanden bloßzustellen oder mich über meine Verschwiegenheitspflicht hinwegzusetzen. Die Beispiele also solche sollen für sich sprechen.

Was das Testament wirklich regelt – und was nicht

Seine Verlassenschaft schon zu eigenen Lebzeiten zu regeln, ist sicherlich sinnvoll. Und so sind die Gründe, weshalb ein Testament verfasst wird, im Großen und Ganzen immer die gleichen. So wollen 47 % der Testamentserrichter einem guten Gefühl der Ordnung folgen, 41 % ist es ein Anliegen, Streit unter Angehörigen zu vermeiden, 27 % fühlen eine Verantwortung für ihre Kinder, während 13 % ihre eigenen Wege gehen und sich nicht vom Gesetzgeber vorgeben lassen wollen, wer was erbt.[7]

Abgesehen davon, dass man in einem Testament der Nachwelt genau zu verstehen geben kann, wie die Verteilung des Vermögens vorgenommen werden soll, hat dieses auch eine nicht zu unterschätzende persönliche Komponente: Welcher

Sohn, welche Tochter, welche Witwe, welcher Witwer wird nicht zumindest kurz davor zurückschrecken, seine Ansprüche gegen den klaren Willen im Testament durchsetzen zu wollen? Viele Testamente bleiben daher, auch wenn sie rechtlich bedenklich sind, faktisch gültig. Viele, denen an sich das Recht zustünde, gegen ein Testament Einspruch zu erheben, unternehmen nichts. Manchmal aus Unkenntnis – und ich hoffe, Sie werden nicht zu diesem Kreis gehören, nachdem Sie dieses Buch gelesen haben –, viel öfter aber aus tief verankertem Respekt. Respekt dem Verstorbenen gegenüber. Denn er wollte es ja so.

Wer sich rechtlich informiert, ist aber wie immer im Vorteil. Das geltende Erbrecht bietet eine Vielzahl von Möglichkeiten, Rechte durchzusetzen. Nun ist es sogar möglich, relativ einfach herauszufinden, ob es Sinn macht, diese Rechte auch geltend zu machen. Oft stellt sich nämlich die Frage, ob nicht um des sprichwörtlichen Kaisers Bart gestritten wird. Wenn nichts da ist – was soll man sich da holen? Ist das Erbe unbedeutend, wird nicht viel dafürsprechen, einen Teil davon zu beanspruchen.

Und wenn der Verstorbene schon zu Lebzeiten den Großteil seines Vermögens verschenkt hat – was ist dann? Um es vorwegzunehmen: Hier bietet das Recht den sogenannten Schenkungspflichtteil an. Sie können von den beschenkten Personen etwas zurückverlangen. Und dabei können Sie, eine besondere Finesse des Rechts, zuvor sogar eine Auskunft unter Eid verlangen, wann wie viel geschenkt wurde.

Sie werden mir vermutlich zustimmen: Information entscheidet.

Ein Testament enthält den letzten Willen. Nicht immer allerdings sind Testamente auch gültig. Es gibt viele Vorschriften, wobei für das handschriftliche Testament etwa andere Regeln gelten als für eines vor Zeugen. Und wer sich da nicht auskennt, kann schwerwiegende Fehler machen. Fehler, die Vermögen kosten können. Fehler, die der Erblasser nie und nimmer gemacht hätte, hätte er sich vorher kompetent informiert.

Es ist schon tragisch genug, dass etwas nicht gilt, das man genau so haben wollte. Wenn ich ein Testament mache, dann habe ich mir vorher überlegt, was ich wie regeln will. Und warum ich das so will. Ich denke, kaum jemand macht ein Testament nur aus einer spontanen Laune heraus.

Dann sollte aber auch gelten, was ich verfüge. Leider tut es das aber oft nicht. Manchmal ist der Inhalt schlicht unverständlich. Bei mit eigener Hand geschriebenen Testamenten etwa kann es vorkommen, dass einfach nicht entziffert werden kann, was da niedergeschrieben steht. Viel öfter jedoch sind es formale Mängel, die das Testament ungültig machen. Kein Einzelfall ist das folgende Beispiel: Der Erblasser macht sich stundenlange Mühe, setzt sich mit Ehefrau und den beiden Kindern an den Tisch und bespricht die Regelung. Die Kinder sind damit einverstanden, dass die Ehefrau, mit der das gemeinsame eheliche Vermögen ja aufgebaut wurde, den Großteil bekommen soll. Die Kinder bekommen den Pflichtteil. So weit klar.

Und was passiert? Der Erblasser ersucht seine Tochter, das Vereinbarte am PC zu schreiben. Sie macht das auch fein säuberlich und inhaltlich richtig. Der Text wird ausgedruckt und nach Prüfung des Inhalts unterschreibt der Erblasser. Er ist ja damit einverstanden, es ist sein wahrer Wille.

Oder ein anderes Szenario: Der Text liegt ausgedruckt vor und der Erblasser denkt, es wäre doch viel besser, wenn als Zeichen des Einverständnisses und zur Bekräftigung seines Willens alle Anwesenden unterschreiben. So unterschreibt er zunächst selbst und lässt dann auch Ehefrau und Kinder unterschreiben.

So weit, so plausibel, oder? Und nun frage ich: Sind diese beiden Testamente gültig? Ich fürchte, Sie werden überrascht sein, wenn Sie die klare Antwort lesen. Bleiben Sie gespannt, ich werde genau diese Fragen ausführlich behandeln.

Tatsächlich sind es oft ganz kleine, unbedeutend erscheinende Fehler, die dazu führen, dass ein Testament ungültig und somit der gesamte letzte Wille hinfällig ist. Aber was gilt dann? Kann man dann nicht doch etwas sagen, es ist doch klar, was der nun Verstorbene tatsächlich wollte? Kann ein ungültiges Testament nicht doch irgendwie *gelten*, wenn doch auf der Hand liegt, was der Erblasser wollte?

Tatsächlich hat das Gesetz für solche Fälle Vorsorge getroffen. Und die Regelung ist klar. Auch das soll später noch ausführlich behandelt werden.

An dieser Stelle geht es mir nur darum, Ihnen deutlich vor Augen zu führen, was derartige geradezu lächerlich erscheinende Missgeschicke für fatale Konsequenzen haben können. Denn stellen Sie sich vor, das Testament gilt nicht – dann würde die Witwe tatsächlich nur einen kleinen Teil des Erbes bekommen. Ist das gerecht, erscheint Ihnen das fair?

Wie auch immer Ihre Antwort lauten mag – vorsorgen ist besser als nachher bedauern. Es wäre daher ratsam für den Erblasser gewesen, sich vor Niederschrift seiner testamentarischen Überlegungen fachkundigen Rat einzuholen. Etwa dieses Buch zu lesen oder, noch besser, einen Kollegen aufzusuchen, der sich auf den Bereich Erbrecht spezialisiert hat.

Dann hätte der Erblasser mit Sicherheit rechtswirksam verfügt und der Ausdruck des Entsetzens auf den Gesichtern so mancher Hinterbliebener, die vom Notar über die Rechtslage aufgeklärt werden, wäre ausgeblieben. Ein möglicherweise langwieriger und kostenintensiver Gerichtsprozess wäre unterblieben und nicht zuletzt hätte es klare Verhältnisse gegeben, die die Familiendynamik nicht negativ beeinflusst hätten. Denn ein Gerichtsprozess innerhalb der Familie fördert selten den gegenseitigen Respekt, geschweige denn den liebevollen Umgang miteinander.

Die größten Irrtümer über das Erbrecht

Einige dieser Irrtümer habe ich schon angesprochen, an manch andere werden auch Sie schon gedacht haben.

Ich habe mir im Laufe der Jahre eine persönliche Hitliste von Fehlern zusammengestellt, die ich für fatal im Bereich Erben und Vererben halte. Alle diese Irrtümer tragen den Keim in sich, ein Verhängnis zu hinterlassen – und kein Vermächtnis, das Wohlstand und Frieden sichern soll.

Das sind die aus meiner Sicht verhängnisvollsten Irrtümer:

1. Keine letztwillige Verfügung zu hinterlassen

Sie könnten sagen: Es ist doch bitte meine Sache, was ich wem hinterlassen will. Und es ist auch ausschließlich meine Sache, ob ich überhaupt etwas regeln will. Das sollen sich meine Hinterbliebenen ausmachen – die sind doch ohnehin meine Familie und die werden damit schon klarkommen.

Freilich, das ist ein hehrer Ansatz. Auf den guten Willen und die Vernunft der Familie zu vertrauen, klingt zumindest gut, aber lassen Sie mich ehrlich sein: Meine Erfahrung zeigt mir nur allzu oft das Gegenteil.

Einerseits bietet das Recht eine Fülle von Möglichkeiten, die derjenige, der sich auskennt und diese in Anspruch nehmen will, voll ausschöpfen kann. Andererseits sorgt die Psychologie des Erbens oft für mentale Verhärtungen, die aus der Vernunft – und erst recht der familiären Einigkeit – herausführen.

2. Unzureichende Regelungen

„Das sollen sich doch die Hinterbliebenen ausmachen!“ Ich will diesen Satz hier nochmals zitieren, weil ich ihn für fatal halte.

Was recht klingt, ist leider nur allzu oft billig. Nach dem Tod einer geliebten Person findet man sich nämlich nicht selten in

Situationen wieder, die so gar nicht mit dem vergleichbar sind, was man zu dessen Lebzeiten kannte. Manche denken vor allem ans Geld. Sie wollen einen möglichst hohen Erbteil beanspruchen. Da tritt dann familiäre Verantwortung in den Hintergrund. Oder andere wollen in diesem Rahmen jemandem anderen etwas heimzahlen. Sie wollen Verletzungen sühnen, die vielleicht schon vor Jahren und Jahrzehnten zugefügt wurden – und die nicht selten niemandem sonst aufgefallen sind.

Die Zahl der Beispiele aus meiner Praxis ist schier unerschöpflich. Ich sage natürlich nicht generell, dass sich Hinterbliebene nach dem Tod des Erblassers nicht einigen können. Nein, das ist ja Bestandteil meiner täglichen Arbeit. Aber ich kann mit Sicherheit sagen, dass oft aus Sorglosigkeit nicht getroffene testamentarische Regelungen zu mehr Streit führen, als sich der Erblasser das gewünscht hat.

3. Die Form ist egal, nur der Inhalt zählt

Fehler dieser Art sind ein wahres Drama. Und sie passieren. Leider nicht selten.

Man könnte nämlich meinen, aus dem Testament müsse nur der klare Wille herausgelesen werden, dann würden sich ohnehin alle daran halten und das Recht stelle das auch sicher.

Meine Einstellung zu solchen Ansichten ist glasklar: Sie sind FALSCH. Und sie sind fatal: Sie ziehen nämlich die Ungültigkeit der letztwilligen Verfügung nach sich.

Ich frage Sie nochmals: Was ist schlimmer, als den eigenen letzten Willen zu versenken? Etwas mit Bedacht zu formulieren, was dann nicht gilt? Durch einen dummen Irrtum in das Leben der Hinterbliebenen einzugreifen, die dann unter Blut, Schweiß und Tränen jahrelang erbittert gegeneinander kämpfen?

Ich denke, die Antwort ist klar.

4. Die Form entscheidet, der Inhalt kommt danach

Auch das ist ein Klassiker. Etwa der folgenden Art: Der Erblasser sucht sich aus dem Internet Vorlagen für ein Testament, die oft noch aus grauer Vorzeit stammen. Da finden sich dann Formulierungen wie „Urkund dessen", „meines Vermögens, wessen Namen auch immer habend" oder dergleichen. Schönes, blumiges Deutsch. Das sehe ich natürlich genauso.

Oft wird unglaublich viel Energie in solche Formulierungen gesteckt, auf den Inhalt aber völlig vergessen. Er geht dann nicht klar aus dem Testament hervor, was eigentlich der Wille ist. Damit sorgt der Erblasser zwar dafür, dass formgültige Regelungen in der Maske stilvoller Formulierung hinterlassen werden, aber wenn eine klare, verständliche und zulässige Verfügung fehlt, hilft das alles nichts.

5. Beidseitig heißt auch einseitig

Eheleute meinen es oft gut miteinander. Oder Lebenspartner ganz allgemein. Wer sich liebt, will sich natürlich auch gegenseitig absichern. Und da herrscht der Glaube, man könne das für die Zeit nach dem Tod ganz einfach dadurch regeln, dass beide ein gemeinsames Testament verfassen. Oder noch besser: Der Ehemann macht das seine, die Ehefrau das ihrige. Beide setzen sich zusammen, jeder ein Blatt Papier vor sich und beide setzen einander als Alleinerben ein. So weit, so gut. Beide glauben, das werde auch immer so gelten. Man mache das ja gemeinsam so.

Was aber beide oft nicht wissen und daher noch seltener beachten, ist: Ein Testament kann jederzeit durch ein nachfolgendes widerrufen werden. Schon eine sprichwörtliche Sekunde nach der Unterschrift auf dem einen Testament könnte ich das nächste aufsetzen. Und das muss dann nicht mehr auf meine Ehefrau lauten, sondern könnte jemanden ganz anderen begünstigen.

Und das passiert in der Praxis auch nicht selten, was uns nicht wundern darf: Ehen zerbrechen. Liebschaften gehen auseinander. Eine neue Liebe tritt ins Leben. Was spricht dagegen, nun diese zu begünstigen?

Gerade Frauen mit Kindern sind oft existenziell auf das Erbe eines Beziehungspartners angewiesen. Hier wäre ein Irrtum fatal: Zweiseitig heißt nämlich einseitig. Auch wenn beide Teile ein Testament füreinander machen, kann jeder es nach Belieben und auch ohne Wissen des anderen widerrufen. Genau diesen und noch weiteren wichtigen Fallkonstellationen werde ich mich mit einer Vielzahl von Fallbeispielen widmen.

Warum ein Erbschaftsstreit – Blut ist doch dicker als Wasser?

Warum streiten die Hinterbliebenen – warum drohen in Extremfällen Familien zu zerbersten, verbittern innerlich und reden auf Jahrzehnte kein Wort mehr miteinander?

Im anschließenden Teil will ich Sie in die Psychologie des Erbens einführen, die zugleich eine Psychologie des menschlichen Zusammenlebens ist. Ich werde zu erklären versuchen, warum gerade im Familienverband Erbschaftssachen häufig eskalieren, warum hier oft alte, nur oberflächlich verheilte Wunden wieder aufreißen oder sogar vernarbt geglaubtes Gewebe wieder aufbricht. Rivalitäten drängen wieder ans Tageslicht, die wir eher in Kindheit und Pubertät verorten würden. Erwachsenes, reifes Denken weicht oft dem halsstarrigen Justament-Standpunkt.

Warum empfinden wir den letzten Willen oft als Liebesbeweis? Warum begleiten wir das nicht nur mit Gefühlen der Trauer, sondern auch des Neids? Warum empfinden wir hier ganz stark (vermutete oder tatsächliche) Ungerechtigkeit? Auch das hat psychologische Hintergründe. Diese zu verstehen, kann zu erklären helfen – und dazu beitragen, nicht selbst in diese Falle zu tappen.

Wir Menschen sind soziale Wesen. Wir werden zu Individuen, indem wir uns mit anderen vergleichen, Gemeinsamkeiten erkennen, uns von diesen abgrenzen. Nicht anders funktioniert die Konstellation aus Erben und Vererben. Noch viel intensiver als in anderen Rechtsbereichen – Ehescheidungen ausdrücklich ausgenommen – steht hier oft die eigene Identität auf dem Spiel. Nur allzu häufig wird der Prozessgegenstand mit der Begründung der eigenen Person verknüpft.

„Ich war doch immer ein guter Sohn“, „Ich habe alles für meinen Ehemann getan, ich habe mich für ihn aufgeopfert“, „Mein Vater hat immer über mein Leben bestimmt – und ich als brave Tochter habe mich immer gefügt“. Das sind Worte, die ich bei Erbschaftsangelegenheiten nicht selten höre. Es ist eminent wichtig, als betroffene Person diese Verankerung zu durchschauen. Es steht hier nämlich *nicht* die eigene Würde als Person auf dem Spiel, sondern es geht ausschließlich um rechtliche Ansprüche. Natürlich, wir alle sind menschliche Wesen, wir fühlen und empfinden. Wir sollten uns aber nicht in Konstruktionen hineinsteigern und meinen, diese würden *uns selbst* ausmachen („Wenn ich's der oder dem zeige, dann habe ich meinen Auftrag erfüllt. Das bin ich dem Verstorbenen schuldig.“). Denn sie machen es uns unmöglich, den Überblick über die Situation zu behalten – und schließen oft sinnvolle Lösungen aus, weil es ja *ums Prinzip* geht.

Mir ist es seit jeher ein besonderes Anliegen, diese Verquickung von Recht und Psychologie im Auge zu haben. Ich werde also zunächst auf die psychologischen Grundlagen und im Anschluss daran auf das österreichische Erbrecht eingehen.

Wie sorge ich richtig vor, damit mein letzter Wille tatsächlich durchgesetzt werden kann? Wie muss ich was in welcher

Form formulieren, damit es hält? Wie kann ich andererseits, wenn ein naher Angehöriger gestorben ist, Ansprüche stellen? Welche stehen mir zu? Und ist es vernünftig, das zu tun?

Ich werde jede Menge Praxistipps einbauen, die Ihnen helfen sollen, die typischen Fallstricke zu umgehen. Denn nichts ist ärgerlicher – und in diesem Fall sogar endgültiger (das Testament eines Verstorbenen kann dieser ja nicht mehr reparieren) –, als aus Unkenntnis oder mangelnder Sorgfalt an vorhersehbaren Problemen zu scheitern, die man mit richtiger Beratung hätte vermeiden können.

Dieses Buch richtet sich an Menschen,

- die geerbt haben,
- die glauben, ihnen stünde nach dem Tod eines Angehörigen etwas zu,
- die in einem Testament bedacht wurden,
- die sich durch ein solches ungerecht behandelt fühlen,
- die zu Lebzeiten das eigene Vermögen nach dem Tod regeln und
- Frieden, keinen Streit hinterlassen wollen.

Meine Zielsetzung ist daher eine dreifache: Ich will

- einerseits verhindern, dass Ihnen Ihr Vermächtnis ungewollt zum Verhängnis wird (weil Ihre letztwillige Verfügung unklar oder gar ungültig ist und nicht bewirkt, was Sie eigentlich umgesetzt haben wollen),
- andererseits dazu beitragen, dass Ihr Wille, der Ihr Vermächtnis endgültig regeln soll, nicht zum Anfang eines Konflikts wird, und Ihnen schließlich
- das Rüstzeug an Wissen in die Hand geben, um Ihre Ansprüche auf das Vermögen eines Verstorbenen erfolgreich gegen Widerstände durchzusetzen.

Vielleicht gelingt es, dass das Erbe nicht entzweit, sondern sogar verbindet und die Kraft der Familie erhalten bleibt und Sie es durch diese stabile Kraft schaffen, gemeinsam zu wachsen.

Aber auch wenn das nicht gelingt – was beileibe nicht immer der Fall sein muss –, können Sie selbstbewusst und mit Kompetenz ausgestattet Ihre Vorstellungen vertreten.

Und dabei ich will Ihnen auf den folgenden Seiten helfen.

Die Psychologie des Erbens: Warum es Streit gibt

Familienbande stehen über allem – oder auch nicht

Meine Erfahrung zeigt: Gerade in Familien ist es keine Seltenheit, dass die Situation bei einem Erbfall eskaliert. Und das ist nicht nur meine Erfahrung. So hat etwa der berühmte deutsche Schriftsteller Thomas Mann in seinem epochalen Werk *Buddenbrooks. Der Verfall einer Familie* aus 1901 eine solche Situation geschildert.

Eine äußerst wohlhabende Lübecker Kaufmannsfamilie erlebt über mehrere Generationen ihren eigenen Untergang. Sie findet sich plötzlich in gesellschaftlichen Erwartungen, überholten Ansichten oder Wertvorstellungen und widersprüchlichen Selbstwahrnehmungen wieder, die ihr derart zusetzen, dass schließlich (fast) alles verloren geht.

Der eigene Wohlstand ist durch kundigen Getreidehandel erwirtschaftet worden. Johann Buddenbrook der Ältere hat es darin zur Meisterschaft gebracht. Er hat durch unermüdliche Tätigkeit und unter Einsatz all seiner Kraft und Energie den Grundstein für eine erfolgreiche Dynastie gelegt – wie es schien. Diese Dynastie sollte über Generationen wachsen und gedeihen und jeder Erbe möge den Wohlstand noch mehren.

Den Erben wurde die Möglichkeit geboten, eine auch gesellschaftlich wichtige Bedeutung zu erlangen – doch das war verbunden mit einem gehörigen Maß an Verantwortung. Kein Erbe ohne Pflicht. Ihnen wurde eine Verantwortung für die Gesellschaft mitgegeben – und vor allem der Familie gegenüber, in deren Dienst man stand und deren Zukunft in alle denkbaren kapitalistisch orientierten und doch grundsätzlich hochanständigen Richtungen ausstrahlen sollte.

Johann Buddenbrook der Jüngere war der Erste, den dieses Schicksal traf. Und tatsächlich: Er hat den Erfolg seines Vaters noch deutlich übertroffen. Ihm ist es gelungen, Strukturen zu schaffen, die in alle Zukunft Erfolg zu sichern schienen. Was natürlich voraussetzte, daran kräftig zu arbeiten – er jedenfalls war fest davon überzeugt, dass das der Auftrag, ja, die Berufung der Familie war. Erfolg stand für die Familie über allem.

Es folgten noch weitere Generationen, die zunehmend weniger erfolgreich wirtschaften. Interne Zwistigkeiten innerhalb der Familie sorgen schließlich dafür, dass das Vermögen auseinanderfällt. Dazu kommt, dass sich die nachfolgenden Generationen nicht mehr dazu hergeben, über die eigene Belastbarkeit hinaus zu arbeiten. War es für den Senior noch Pflicht gewesen, eigentlich sogar seine Berufung, Vermögen zu mehren, verstehen die Jüngeren das Warum nicht mehr.

So zerbrechen über Generationen aufgehäufte Vermögenswerte – so zerbricht die Familie.

Schon vor mehr als 100 Jahren präsentiert uns Thomas Mann hier die Zutaten, die ein exklusives Gemisch ergeben, das die Generationen vor uns und nach uns als Erbe, Verlassenschaft oder Nachlass bezeichnet haben und bezeichnen werden:

1. Erwartungen versus Neigung

Vom Erben wird erwartet, dass er eine Familientradition fortführt. Oder wenn es diese (noch) nicht gibt, soll er doch den Vorstellungen des Erblassers entsprechen. Manche Erben haben aber andere Interessen und Talente. Wozu das führen kann, liegt auf der Hand: innere und äußere Konflikte, die den Keim des Scheiterns in sich tragen.

2. Materielle versus immaterielle Werte

Das etablierte Familienunternehmen bietet materielle Sicherheit. Jedes Erbe, das in einem gewissen Vermögen besteht, tut das. Aber oft sehnen sich die nachfolgenden Generationen nach Selbstverwirklichung. Auch hier lautet die mögliche Konsequenz: Diese Konflikte können zum Untergang führen.

3. Althergebrachte versus zeitgemäße Identität

Nur so manche, oft männliche, Erben sind in der Lage, ein Erbe zu übernehmen. So dachte man über Jahrhunderte. Frauen gehören zur Familie und sind mit zu bedenken, aber die Männer tragen die volle Verantwortung. Hier stehen traditionelle und moderne Werthaltungen miteinander in Konflikt. Dies geht Hand in Hand mit dem

4. Generationenkonflikt

Schon seit Jahrtausenden hat jede Generation oft andere Vorstellungen als die vorangegangene. Die ältere pocht oft auf Tradition, während sich die jüngere davon befreien will. Diese Konflikte bestehen oft jahrzehntelang – und erreichten ihren Höhepunkt schließlich in der Verwirklichung des letzten Willens, der nicht mehr ausdiskutiert werden kann.

Psychologisch gibt es immer mehrere Problemstellungen, die – nur allzu oft unausgesprochen – in einer Familie und so auch zwischen Erblasser und Erben bestehen. Das sind oft ganz grundlegend unterschiedliche Vorstellungen von Erfolg, Verantwortung, Familienehre. Außenstehende würden das vielleicht sofort bemerken: Reden die nicht aneinander vorbei? Verstehen sie einander überhaupt? Aber die Beteiligten bemerken es nicht. Sie stecken in ihrer Haut und können aus dieser nicht heraus.

Es liegt sicherlich im Wesen einer Familie, an etwas Höheres zu denken. Funktionierende Familien wollen das. Eine Erbschaft aber stellt die Familie vor eine Herausforderung: Während man sich unter Lebenden an einen Tisch setzen kann, um etwas auszudiskutieren, fehlt hier der Diskussionspartner. Der letzte Wille ist das Letzte, was vom Erblasser bleibt. Wir können ihn nicht mehr zu den Beweggründen seiner Verfügung befragen.

Genau das macht den eigentlichen Unterschied. Der Erblasser gibt uns mit seiner Verfügung zu verstehen: „So ist es, so und nicht anders will ich es haben!" Und die Erben stehen dem oft mit Unverständnis, Verwunderung, manchmal sogar Fassungslosigkeit gegenüber. Vor allem dann, wenn jemand selbst enterbt wurde – und nicht im Geringsten verstehen kann, aus welchem Grund das erfolgte. „Was ist denn nur in ihn/sie gefahren?"

Eine testamentarische Botschaft ist isoliert. Es gibt nur sie – und nichts anderes. Durch diese auf wenige Worte, Zeilen oder Seiten komprimierte Message an die Welt ist alles gesagt, was der Erblasser sagen wollte. Und das soll die Welt gefälligst akzeptieren.

Jedes Testament übt daher einen starken psychologischen Druck aus. Und derjenige, der diesen Druck erzeugt, ist der Erblasser selbst. Er sagt, was gelten soll. Wer das nicht akzeptieren will, bekommt eben nichts. Erblasser bringen das etwa dadurch zum Ausdruck, dass sie in das Testament Bedingungen oder Auflagen aufnehmen. Beispielsweise: „Mein Sohn ist und bleibt Alleinerbe meines Vermögens, solange er sich bis zum Lebensende meines Hundes Hasso um ihn kümmert." Wird diese Auflage vom Erben nicht eingehalten, wird ihm das Erbe auch gleich wieder entzogen – oder die Einhaltung der Auflage kann etwa durch einen Testamentsvollstrecker durchgesetzt werden.

So zeigt sich das Erbe bisweilen mehr als Fluch denn als Segen. Jemand hat zwar vielleicht ein Vermögen geerbt, gleichzeitig damit aber auch eine Belastung, die seine eigene Handlungsfreiheit einschränkt. Wenn ein Erblasser etwa unbedingt darauf besteht, sein Erbe solle das Unternehmen fortführen, dieser kann und will das aber nicht, weil ihm jede Neigung oder Kompetenz dazu fehlt und er sich diese auch nicht erarbeiten kann oder will – was löst das anderes aus denn eine Identitätskrise?

Ich selbst kann das gut nachvollziehen: Ich bin ein wissbegieriger, neugieriger, kreativer und leidenschaftlicher Mensch. Wäre ich mein Leben lang dazu verdammt, hinter einem Schreibtisch zu sitzen und immer wieder die gleichen Kalkulationen vorzunehmen, während mir Weltliteratur, Sport und Fantasie entzogen würden – ich würde zugrunde gehen.

Wie halten Sie es: Würden Sie den Familienerwartungen entsprechen wollen und Ihre eigenen Träume aufgeben?

Die jüngere Generation Buddenbrook konnte das nicht. Die jeweiligen Söhne, welche die Familientradition fortführen sollten, haben es versucht, aber es ist ihnen nicht gelungen. Nicht auf Dauer zumindest. Und das Ende war fatal.

Es ist psychologisch hinreichend untersucht, dass derartige tief sitzende Identitätskonflikte schließlich zu Identitätskrisen, Selbstwertproblemen und schließlich zur Selbstzerstörung führen können. Wenn permanent innere Stimmen über die Herrschaft im eigenen Geist und Empfinden ringen, bleibt nur mehr wenig Energie übrig, um das tägliche Leben zu bewältigen. Dieser innere Kampf zieht einen hinunter. Und es macht hier nicht einmal einen großen Unterschied, ob es um Erwartungen geht, die von außen an uns herangetragen werden, oder ob wir diese schon internalisiert, übernommen und in uns verankert haben.

Diese Kämpfe kann kaum jemand ein Leben lang aushalten. Viel öfter versinkt der/die Betreffende in Depression. Die eigene Emotionalität wird abgetötet, weil man nicht mehr fühlen will. Oder der Kampf überbeansprucht die eigenen Kräfte, man blutet energetisch aus und bleibt als ausgebranntes Wrack zurück. Beide Alternativen sind alles andere als wünschenswert. Und doch entscheiden wir uns nur allzu oft dafür.

Fallbeispiel 1: Der verlorene Sohn taucht wieder auf

Vielen von Ihnen ist sicher das biblische Gleichnis vom verlorenen Sohn im Lukasevangelium (Kap. 15, Verse 11–32)[8] bekannt. Nicht nur in der Schule, sondern auch in der Populärkultur oder bei Gesprächen haben wir das alle sicherlich schon mehrfach gehört.

Ein Mann hatte zwei Söhne. Der jüngere forderte seinen Erbteil ein („Vater, gib mir das Erbteil, das mir zusteht!"), noch bevor der Vater gestorben war. Der Vater teilte das Vermögen zwischen beiden Söhnen auf. Der jüngere dankte, zog in die Ferne und verprasste dort sein gesamtes Erbe. Das Leben ist doch viel zu schön, um nicht gelebt zu werden, nicht?

Mit einer Hungersnot rechnete er freilich nicht. Und es kam, wie es kommen musste: Da er sich keinerlei Vorrat angelegt hatte, fiel er in schwere Not. Die Arbeit als Schweinehirt konnte seinen kärglichen Lebensunterhalt kaum sichern: „Er hätte gern seinen Hunger mit den Futterschoten gestillt, die die Schweine fraßen, aber niemand gab ihm davon." Und in größter Not gedachte er seines Vaters:

> „Wie viele Tagelöhner meines Vaters haben Brot im Überfluss, ich aber komme um hier vor Hunger. Ich will aufbrechen und zu meinem Vater gehen und zu ihm sagen: Vater, ich habe mich gegen den Himmel und gegen dich versündigt. Ich bin nicht mehr wert, dein Sohn zu sein; macht mich zu einem deiner Tagelöhner!"

Er machte sich auf zu diesem. Als er schon fast zu Hause angelangt war, sah ihn der Vater von Weitem: Er stürmte los auf den heranwankenden Sohn, umarmte und küsste ihn. Nur die beste Kleidung war nun für den Sohn gut genug, mit Schmuck überhäufte ihn der Vater. Ein Festmahl sollte stattfinden:

> „Bringt das Mastkalb her und schlachtet es; wir wollen essen und fröhlich sein. Denn dieser, mein Sohn, war tot und lebt wieder; er war verloren und ist wiedergefunden worden. Und sie begannen, ein Fest zu feiern."

Nicht alle waren voller Freude. Das Gesicht des älteren Sohnes verdüsterte sich vor Entsetzen. Gerade noch auf dem Feld im Schweiße seines Angesichts gearbeitet, was musste er nun erfahren? Der arrogante Bruder, der sich mit dem Geld aus dem Staub gemacht hat, wird nun wieder herzlich in die Familie aufgenommen – und er, der sich krumm geschuftet hat, soll dabei zusehen? Zorn steigt im Ältesten auf. Der Vater kommt zu ihm und lädt ihn zum Festmahl ein. Alles wird schon bereitet.

Nein, so der ältere Sohn, nein! Ich habe gearbeitet, bis mir fast das Rückgrat unter der Last zusammengebrochen ist. Und mein Bruder, der sein Geld verschleudert hat, soll nun davon profitieren? Und er blafft den Vater an:

> „Siehe, so viele Jahre schon diene ich dir und nie habe ich dein Gebot übertreten; mir aber hast du nie einen Ziegenbock geschenkt, damit ich mit meinen Freunden ein Fest feiern konnte. Kaum aber ist der hier gekommen, dein Sohn, der sein Vermögen mit Dirnen durchgebracht hat, da hast du für ihn das Mastkalb geschlachtet."

Wie die Geschichte endet, erfahren wir leider nicht. Der Vater aber erklärt dem älteren Sohn, er solle sich doch auch freuen. Der verlorene Sohn sei wieder in den Schoß der Familie zurückgekehrt, er sei verloren gewesen und nun lebendig zurückgekehrt:

> „Mein Kind, du bist immer bei mir und alles, was mein ist, ist auch dein. Aber man muss doch ein Fest feiern und sich freuen; denn dieser, dein Bruder, war tot und lebt wieder; er war verloren und ist wiedergefunden worden."

Also alles Halleluja?
Auch das tägliche Leben ist voll von vergleichbaren Erzählungen. Familien führen zunächst ein vertrautes gemeinsames Leben, dann passiert irgendetwas – eine Provokation, eine tatsächliche, vielleicht auch wohlgemeinte Bevorzugung eines anderen, ein belangloser Streit oder auch nur etwas, das sich aus einer unglücklichen Interpretation oder einer falschen Erinnerung ergibt – und der Bruch ist geschehen. Geschwister, Eltern und Kinder, Beziehungspartner sprechen dann bisweilen jahrelang, manchmal auch jahrzehntelang, nicht mehr miteinander.

Und oft ist es der Tod eines Angehörigen, der die Familie wieder zwingt, sich zusammen an einen Tisch zu setzen. Ausgefranstes soll sich dann wieder zu einem Strang vereinigen – nur wissen wir, dass das oft unmöglich ist.

Der Salzburger Pinzgau, landschaftliche Idylle. Zwei Söhne. Fast gleich alt sind sie, die Brüder. Beide haben nun das 50. Lebensjahr überschritten und sind damit aller Wahrscheinlichkeit nach in ihre zweite Lebenshälfte, möglicherweise auch ihr letztes Lebensdrittel, eingetreten.

Beide haben sich durch eifrige Arbeit einen mehr als gesicherten Lebensunterhalt erarbeitet. Der ältere Sohn Franz ist Kfz-Mechanikermeister und hat eine eigene Werkstatt. Sein Schwiegersohn ist ebenso geschickt und Franz denkt daran, die Werkstatt einmal an diesen zu übergeben. Sie soll in der Familie bleiben.

Der jüngere Sohn Karl ist Landwirt. Er hat die landwirtschaftliche Fachschule absolviert und eine etablierte Landwirtin geheiratet. Diese hat ein stattliches Bauerngut von ihren Eltern übertragen erhalten, das beide nun gemeinsam bewirtschaften.

Beide Brüder sind aber schon seit Jahrzehnten zerstritten. Es lässt sich gar nicht mehr sagen, worauf das zurückzuführen ist: Eifersucht? Ein Streit um die gleiche Frau? Ungleichbehandlung durch die Eltern? Wurde einer bevorzugt und der andere benachteiligt?

Beide haben ihre jeweils eigene Version, natürlich. So wie das immer ist. Und selbstverständlich ist auch jeweils der andere schuld.

Die beiden Brüder sind aber nur zwei Drittel jenes Systems, das wir uns nun näher anschauen wollen. Der dritte Teil, der dieses zur Vollständigkeit komplettiert, ist die Mutter. Sie war tatsächlich immer eine äußerst arbeitsame und gleichzeitig bescheidene Frau. Weit über die Gemeindegrenzen hinaus war sie bekannt – und wurde bewundert: Der Ehemann war kurz nach der Geburt des jüngeren Sohnes bei einem Arbeitsunfall gestorben. Sie musste die beiden Söhne allein großziehen und daneben hatte sie noch die doch beachtliche Landwirtschaft zu betreuen. Eine Verpachtung kam damals noch nicht infrage und wäre auch aufgrund der Situation äußerst schwierig gewesen. Es hätte sich kein Pächter gefunden, der die Landwirtschaft zu für die Landwirtin akzeptablen Bedingungen bewirtschaftet hätte.

So musste sie das alles selbst machen. Zunächst allein. Bei der regelmäßigen Einbringung der Heumahd halfen Freunde und Bekannte mit. Aber die Alltagsarbeit am Hof, die Fütterung der Tiere, die Reinigung der Ställe, die Produktion der landwirtschaftlichen Erzeugnisse und deren Verkauf sowie – nicht zuletzt – die Betreuung und Erziehung der Kinder forderten viel Lebenskraft.

Voll berechtigtem Stolz sah sie ihre beiden Söhne heranwachsen. Bis zum Zwist waren sie ein Herz und eine Seele gewesen. Doch plötzlich: Blankes Unverständnis der Mutter. Was war geschehen? Sie konnte sich keinen Reim darauf machen. Und beide wollten auch nicht so richtig darüber reden. Es muss etwas gewesen sein, das beide wirklich ins Mark traf.

Der ältere Bruder entschied sich jedenfalls, außerhalb des elterlichen Betriebs sein Glück zu suchen. Wahrscheinlich war dafür entscheidend, dass er mit dem jüngeren Bruder nicht mehr unter einem Dach leben wollte. Er dürfte auch erkannt haben, dass dieser auf die Übernahme des Betriebs abzielte. Seine ganze Berufsausbildung, die Tätigkeit am Hof, alles war darauf ausgerichtet. Er bemerkte auch, dass er vom zuvor gemeinsamen Freundeskreis zunehmend ausgeschlossen wurde. Da dürfte der jüngere Bruder interveniert haben, so dachte er. Berechnend, der Karl, dieser Gauner!

Und die Jahre gingen ins Land. Die Mutter, mehrere Bandscheibenvorfälle, kaputte Hüften und ein Herzinfarkt als Folge der lebenslangen Überlastung: plötzlich ein Pflegefall. Sie überschreibt den Betrieb dem jüngeren Sohn, der diesen ohnehin schon seit Jahren bewirtschaftet, und lässt sich als Gegenleistung Pflege und Betreuung versprechen. Tatsächlich ist das im landwirtschaftlichen Bereich etwas völlig Übliches. Rechtlich wird das als sogenanntes Ausgedinge bezeichnet.

Mit dem älteren Bruder haben die beiden aber offenbar nicht gesprochen. Er bekommt jedenfalls keine Abfindungszahlung und taucht auch im Notariatsakt mit keinem Wort auf.

Schließlich: Nach jahrelangem Leiden stirbt die Mutter. Wie hat sie gekämpft, diese starke Frau! Aber ihre Energie ging schließlich doch zur Neige, die Lebenskraft war aufgezehrt. Multiorganversagen diagnostiziert die Totenbeschau.

Es gibt ein Testament. Alles soll Karl, der jüngere Sohn, bekommen, der sie all die Jahre hindurch aufopfernd gepflegt hat.

Der ältere Sohn Franz soll nichts bekommen, der habe sich schon „jahrelang nicht mehr anschauen lassen". Drei krakelige, mit zittriger Hand geschriebene Rufzeichen vervollständigen diesen eigenhändig geschriebenen Satz.

Und überhaupt: Enttäuscht sei sie vom Sohn, sie hätte sich von ihm doch etwas Dankbarkeit erwartet.

Es ist eine nicht auszurottende, weit verbreitete Annahme, das Testament werde feierlich verlesen. Bis dorthin wisse niemand, was der Erblasser verfügt hätte. Und dort gebe es dann immer wieder Überraschungen – oder wohlige Zufriedenheit bei demjenigen, der bedacht wurde.

In Einzelfällen kann das schon so sein. Aber das ist wirklich eine seltene Ausnahme. Testamente sind nämlich in den allermeisten Fällen schon vor dem Tod des Verfassers bekannt. Oft wird das im Familienkreis besprochen, manchmal geht man sogar gemeinsam zum Notar oder Rechtsanwalt. Wichtig ist immer nur, dass errichtete Testamente dann auch auftauchen. Und zwar jedenfalls dann, wenn sie das sollen.

Das beste Testament hilft nichts, wenn es nicht zu dem Zeitpunkt, für den es geschaffen wurde, das Licht der Öffentlichkeit erblickt. Ich kann nur mutmaßen – denn dazu gibt es natürlich keine offiziellen Statistiken –, wie viele Testamente unterdrückt werden, wenn sie in den falschen Händen sind, auf wie viele vergessen wird oder ganz simpel: wie viele, auch bei bestem Willen aller Beteiligten, in Verlust geraten sind.

Deswegen hier ein wichtiger Praxistipp: Testamente bitte immer in das öffentliche Testamentsregister eintragen lassen! Das kostet weniger als eine kompetente Rechtsberatung, sichert aber den eigentlichen Testamentszweck.

Jeder Notar, der zur Führung des Verlassenschaftsverfahrens berufen ist, kann dann den letzten Willen innerhalb kürzester Zeit abrufen.

In diesem Fall wusste der jüngere Sohn, dass er im Testament als Alleinerbe vorgesehen war. Die Mutter hatte das ausführlich mit ihm besprochen, mehrfach hatten sie gemeinsam den ortsansässigen Notar aufgesucht. Der ältere Bruder hingegen wusste davon nichts. Tatsächlich hat er erst durch das Notariat erfahren, dass es überhaupt ein Testament gibt. Auch der Inhalt war ihm erst klar, als er es lesen konnte.

Notare müssen, wenn sie im Gerichtsauftrag tätig sind, streng unparteiisch auftreten. Und es ist auch gesetzlich vorgesehen, dass der Notar mögliche Erben über ihre Rechte aufzuklären hat. Also hat der Notar dem älteren Bruder erklärt, dass er grundsätzlich nach dem Willen seiner Mutter enterbt werden soll. Wenn das Testament gültig ist – und es gebe keinen Ansatzpunkt für die gegenteilige Annahme, weil die Mutter zum Zeitpunkt der Errichtung des Testaments nachweislich geistig gut beisammen war und der handschriftliche Inhalt gut lesbar und eindeutig verständlich ist –, dann bestehe eine gewisse Wahrscheinlichkeit, dass er nichts bekommt.

Aber: Der jüngere Bruder als Erbe müsse nachweisen, dass ein berechtigter Grund für die Enterbung vorliegt. Da gibt es nämlich nur einige wenige, die ganz klar im Gesetz geregelt sind. Kann der Erbe das nicht nachweisen, bekommt der Bruder seinen Pflichtteil. Und da jetzt nach dem Tod der Mutter nicht mehr viel da ist, klärt der Notar ihn auch über den Schenkungspflichtteil auf. Die Mutter hat nämlich nur mehr kleinere Ersparnisse und persönliche Habe hinterlassen.

Hat sie allerdings zu Lebzeiten wesentliche Vermögenswerte verschenkt, so kann der Pflichtteilsberechtigte (wir erinnern uns: Nahe Angehörige müssen prinzipiell immer etwas bekommen, außer sie werden zulässig enterbt) mehr oder weniger den Betrag vom Beschenkten verlangen, der sonst noch in der Erbmasse gewesen wäre, wäre er nicht verschenkt worden. In der Praxis heißt das: Die übergebene Landwirtschaft wird mit dem Wert zum Zeitpunkt der Übergabe an den jüngeren Bruder berücksichtigt (und die Inflation bis zum Todestag der Mutter einkalkuliert).

Wenn sich hier rechnerisch ein Pflichtteil ergäbe, dann könnte der ältere Bruder Franz diesen vom jüngeren Bruder Karl verlangen. Voraussetzung ist und bleibt aber, dass keine gültige Enterbung des älteren Bruders vorliegt. Dann nämlich bekommt er gar nichts.

Und der Erbschaftsstreit beginnt …

Sie werden vielleicht eine Art „Auflösung“ zu den einzelnen Fallbeispielen erwarten. Eine solche kann ich aber nicht anbieten: Oft stehen die Fälle noch in Verhandlung. Und auch wenn sie abgeschlossen sind, bin ich an meine Verschwiegenheitspflicht gebunden.

Und eine „Auflösung“ liegt ohnehin immer in der Hand eines fachkundigen und wertenden Richters, der der Klage stattzugeben oder sie abzuweisen hat. Da Richter aber auch nur Menschen sind, selbst wenn sie sich peinlich genau an die Vorgaben des Gesetzes halten – was nicht alle Menschen immer tun –, werden zwei Urteile, selbst in derselben Sache, kaum jemals 100-prozentig gleich lauten.

Grundsätze sind Grundsätze, Einzelfälle sind Einzelfälle. Und eine Entscheidung im Einzelfall kann manchmal auch überraschen.

Erbschaften als Liebesbeweis?

Und wieder machen wir einen kleinen Ausflug in die Weltliteratur. Nach dem Literaturnobelpreisträger Thomas Mann wenden wir uns nun einem Autor zu, der Schauspiel und Drama ebenso wie die Komödie und das literarische Liebesspiel auf ein neues Niveau gehoben hat: William Shakespeare. Sein Drama *Der Kaufmann von Venedig* (um 1600) hat – für uns hier interessant – starke Bezüge zum Erben.

Portia, begehrenswerte Tochter eines reichen (des titelgebenden) Kaufmanns, der Vermögenswert um Vermögenswert aufhäuft, wird erwachsen. Es wird Zeit, an die Ehe zu denken (wie das damals eben so war, die Tochter musste ja versorgt werden).

Der Vater liebt sie wie seinen Augapfel. Er verfügt daher, sie dürfe nur denjenigen zum Ehemann nehmen, der ein Rätsel löst. Er lässt drei kunstvolle Kästchen aus Gold, Silber und Blei anfertigen. Eines dieser Kästchen, so der Vater, enthalte ihr Porträt und wer das richtige aussuche, dem gebe er seinen Segen. So fordert Portia den Prinzen Marokko, der um ihre Hand wirbt, auf, seine Wahl zu treffen. Der Prinz antwortet:

> „Dieses erste aus Gold, das diese Inschrift trägt: ‚Wer mich wählt, wird gewinnen, was viele begehren.' Das zweite aus Silber, das dies Versprechen trägt: ‚Wer mich wählt, wird so viel bekommen, wie er verdient.' Dieses dritte, dumpfes Blei, mit einer Warnung genauso stumpf: ‚Wer mich wählt, muss alles geben und wagen, was er hat.' Wie soll ich wissen, ob ich das richtige wähle?"[9]

Der Arme, er weiß es nicht, wählt das falsche – und versagt.

Natürlich hat sich der weise Vater etwas überlegt: Oberflächliche Naturen, die nur hinter dem Geld her sind und auf das große Familienvermögen abzielen, werden sich für Gold oder Silber entscheiden. Blei nimmt sicherlich nur derjenige, dem die Tochter als Person etwas bedeutet. Wird das richtige Kästchen mit dem Porträt von Portia gewählt und geöffnet, so lautet die Inschrift:

> „Du, der du nicht nach dem Aussehen wählst, wage so gut und wähle so wahr: Da dieses Glück dir zufällt,

Sei zufrieden und suche kein neues.
Wenn dir dieses gut gefällt
Und du dein Glück für deine Glückseligkeit hältst,
Wende dich dorthin, wo deine Dame ist,
Und fordere sie mit einem liebenden Kuss.“[10]

Und so kommt es auch: Der aus Sicht von Portia Richtige entscheidet sich für Blei. Ihn hat sie gewollt. Und so endet alles im Freudentaumel – und der Vater sieht seine List bestätigt: Voll ist sie aufgegangen, seine Absicht, der Tochter das Beste zu garantieren.

Kreative literarische Freiheit, meinen Sie? Völlig überzogen, so etwas gibt es in der realen Welt doch nicht. Nun, ich muss Sie enttäuschen: Noch viel krassere Fälle habe ich erlebt. Fälle, von denen Sie mir niemals abnehmen würden, dass sie sich tatsächlich so zugetragen haben. Und doch sind sie passiert und doch passieren solche und ähnliche Fälle laufend.

Enterbungen etwa werden relativ häufig ausgesprochen. Was auch immer dafür verantwortlich sein mag, ist das doch eine Tatsache. Sind es tatsächlich Zerwürfnisse mit dem Erblasser, für die der Erbe die Verantwortung zu tragen hat? Sind es Einflüsterer von außen, die sich dadurch etwas versprechen? Oder ist es nicht vielmehr die mir gegenüber oft beklagte zunehmende Verwirrtheit des Erblassers, der sich etwas einbildet oder im Übermaß beeinflussbar ist?

Für mich ist das oft unmöglich herauszufinden. Und es spielt ehrlicherweise auch keine entscheidende Rolle: Es kommt darauf an, wie es der Richter sieht. Wieder einmal. Und das kann in eine völlig andere Richtung gehen, als man zunächst denkt.

Wie wir im vorherigen Beispiel anhand der Aufklärung des Notars gesehen haben, „gilt“ eine Enterbung nicht automatisch. Nur weil sie im Testament aufgeschrieben wurde, heißt das noch lange nicht, dass der Betroffene auch tatsächlich enterbt ist. Denn hier drehen sich die Beweisrollen um: Der Erbe, der voll und ganz erben will und keinen Pflichtteil abzugeben beabsichtigt, muss nachweisen, dass die Voraussetzungen für die Enterbung vorliegen.

Im Fall des zurückgekehrten Sohnes hat die Mutter behauptet, er hätte sich „jahrelang nicht anschauen“ lassen. Der jüngere Bruder muss nun dem älteren nachweisen, dass das tatsächlich so war (vorausgesetzt natürlich, das wäre überhaupt ein Grund zur Enterbung – ich werde am Ende dieses Teils darauf zurückkommen).

Fallbeispiel 2:
Die böse Mutter und das überholte Testament

Erna K., Pensionistin, hat vor Kurzem ihr 92. Lebensjahr vollendet. Sie ist für ihr doch schon fortgeschrittenes Alter überraschend robust und gesund. Sie bewohnt das Erdgeschoss eines Hauses, das sie und ihr verstorbener Ehemann vor nun schon fast 30 Jahren der gemeinsamen Tochter überschrieben haben.

Das Verhältnis der Mutter zur Tochter wird allgemein als außergewöhnlich eng beschrieben. Gerade nach dem Tod des Vaters vor mittlerweile auch schon 15 Jahren sind die beiden regelrecht zusammengewachsen. Am Abend finden regelmäßige Besprechungen in der Küche im Erdgeschoss statt; die Mutter kocht der Tochter oft noch ein Abendessen, worüber diese sich sehr freut. „Niemand kocht so gut wie Mama“, hat sie ihren Freunden und Bekannten schon mehrfach freudestrahlend mitgeteilt.

Die Tochter ist beruflich äußerst erfolgreich. Sie hat sich zur Teilhaberin einer angesehenen Wiener Steuerberatungskanzlei emporgearbeitet. Die Stunden im Büro wurden immer länger, auch an den Wochenenden war sie häufig im Büro. Ein Phänomen, das mit dem Erfolg zunimmt.

Vor einigen Jahren wurde bei der Tochter ein Tumorgeschehen an der Bauchspeicheldrüse festgestellt. Sie selbst hatte zunächst geglaubt, sie sei überarbeitet. Das war sie sicherlich auch, aber die Beschwerden wurden immer stärker. Gewichtsverlust, Abgeschlagenheit, komplette Lebensunfähigkeit. Leider aber zählen solche Karzinome zu den verhängnisvollsten: Ist einmal ein gewisses Stadium der Entwicklung überschritten, sind eine sinnvolle Behandlung, geschweige denn eine Heilung, kaum mehr möglich.

So stirbt die Tochter. Der Kontakt zur Mutter hat in den letzten Monaten vor ihrem Tod deutlich abgenommen. Die Tochter war ja durchgehend in verschiedenen Krankenanstalten auf den internistischen Abteilungen. Die Mutter hat sie regelmäßig besucht, konnte jedoch krankheitsbedingt oft nicht sinnvoll mit ihr reden. Aufgrund der Schmerzbelastung der Tochter und weil diese unter schweren Medikamenten stand, war eine Kommunikation oft gar nicht verständlich möglich.

Abgesehen von der Trauer über den Tod der Tochter fühlte sich die Mutter zumindest abgesichert, war sie doch mit der Tochter gemeinsam vor einigen Jahren zum Notar gegangen. Dort hatten beide jeweils ein Testament gemacht. Und in dem der Tochter stand zu lesen, die Mutter wäre Alleinerbin – die Tochter hatte selbst keine Kinder und war nie verheiratet gewesen. Grund genug für die Mutter, sich für abgesichert zu halten. Vor allem was das Wohnrecht betraf, weil ja das Haus immer im alleinigen Eigentum der Tochter stand und aufgrund der familiären Nahebeziehung damals kein Wohnrecht für die Mutter eingetragen worden war.

Umso größer der Schock für die Mutter, als ihr der Notar eröffnet, es gebe ein neueres Testament. Noch ein paar Wochen vor dem Tod hätte die Tochter das unterschrieben; ein

Notar und drei seiner Angestellten wären bei ihr gewesen und könnten das bezeugen. Die Mutter findet heraus, dass sie nach dem Willen der Tochter nun gar nichts bekommen soll. Ein Freund der Tochter, vielleicht einmal ein Beziehungspartner, die Mutter weiß das nicht, kommt in den Genuss des Erbes.

Und die Tochter ausdrücklich: „Meine Mutter enterbe ich. Sie hat mir immer das Gefühl gegeben, ich könne ihr nichts recht machen. Das hat mich tief verletzt und ich kann ihr das nicht verzeihen." „Wie bitte?", entfährt es der Mutter. Wie bitte?! Ich war doch immer für die Tochter da! Wir haben fast alle Abende gemeinsam verbracht, bis zur Krankheit, ja … bis zur Krankheit. Da muss doch etwas passiert sein!

Im Gerichtsverfahren stellt sich heraus, wie es wirklich gewesen sein dürfte. Das Verfahren hat übrigens die Mutter selbst eingeleitet: Sie ist mit der Enterbung nicht einverstanden und beansprucht zumindest ihren Pflichtteil. Auf jeden Fall möchte sie ihr Wohnrecht behalten. Sie stünde sonst über kurz oder lang auf der Straße.

Ärzte und Personal der Klinik, in der die Tochter zuletzt behandelt worden ist, sagen aus, sie hätte in den letzten Wochen vor ihrem Ableben Besuch von Personen erhalten, die offenbar keine Verwandten gewesen seien. Aber die Beziehung zur Patientin wäre auffallend vertraut gewesen. Für die Zeugen jedenfalls gab es keinen Grund, anzunehmen, die Tochter hätte nicht ganz klar gewusst, was sie tut, und sich das gut überlegt.

Eine Zeugin schließlich gibt den entscheidenden Hinweis: Die Erblasserin hätte sich einer mysteriösen Vereinigung angeschlossen und wäre zuletzt fix davon überzeugt gewesen, ihre Mutter sei verantwortlich für ihre Krebserkrankung gewesen. Denn sie hätte ihr immer eingeredet, nichts wert zu sein, und Krebs entstünde bekanntlich aus psychischen Gründen. Die Tochter hätte sich jahrzehntelang derart gegrämt, dass ihr Körper gar keine andere Chance gehabt hätte, als im Krebs Zuflucht zu suchen.

Etwas abenteuerlich, denke ich. Ist uns das als Motivation für eine Enterbung nachvollziehbar? Nun, dem Gesetzgeber dürfte es zu wenig sein. Das ist jedenfalls eine Frage, die im Gerichtsverfahren zu prüfen sein wird.

Recht trifft auf Emotion – ein explosiver Mix

Wenn wir vom Vererben und Erben sprechen, geht es nicht nur um das Recht. Es geht um Gefühle, um Emotionen, um Momente von Schuld und Dankbarkeit, kurzum: gelebte Psychologie.

Wir Menschen leben in sozialen Gemeinschaften. Die kleinste, oft auch die innigste soziale Gemeinschaft ist die Familie. In der Familie vertrauen wir einander. Wir sind auf die Familie angewiesen: Welches Baby würde überleben, würde es nicht von der Mutter gestillt werden? Welches Kind könnte heranwachsen, würden es nicht die Eltern – oder in unserer modernen Welt auch andere, die diese Rolle einnehmen – großziehen? Wer freut sich, wenn wir uns verheiraten, bedauert uns, wenn wir uns trennen, unterstützt uns, wenn wir Hilfe brauchen, und ist immer zur Stelle, wenn es darauf ankommt? Im besten Fall die Familie.

Das Recht ist etwas trocken. Nein, damit bediene ich keine Vorurteile (wir kennen sie alle: etwa dasjenige, das Recht sei Theorie und die Praxis etwas ganz anderes). Recht muss sich auch in der Praxis bewähren. Aber der Zugang des Rechts zur Wirklichkeit ist ein theoretischer.

Das muss auch so sein. Es ist völlig unmöglich, dass das Recht jedes nur denkbare Lebensereignis genau regelt. Es kann nur Schablonen bieten, Blaupausen, die jeweils auf die konkrete Situation anzuwenden sind. Denken wir an einen Verkehrsunfall: Hier gelten Vorrangregeln. Wer etwa den Rechtsvorrang verletzt, haftet und muss Ersatz leisten. Das Recht kann aber nicht wortwörtlich regeln, was gilt, wenn das eigene Fahrzeug noch vier Meter von der Kreuzung entfernt ist, während sich das benachrangte in drei Meter Entfernung von der Kreuzung befindet. Im nächsten Fall wären es vielleicht 14 gegen acht Meter. Es wären damit unendlich viele ausdrückliche Regeln notwendig, um unendlich viele Ereignisse genauestens abzudecken. Undenkbar, das würde das Recht unvorstellbar aufblähen – und unanwendbar machen.

Das Recht stellt also vielmehr allgemeine Regeln auf, die dann jeweils auf den konkreten Fall zu beziehen sind. Wer von rechts kommt, hat den Vorrang; außer es ist durch Verkehrszeichen anders geregelt.

Recht ist also zwangsläufig abstrakt. Aber was wir erleben, ist konkret. Wir leben keine Schablonen, keine Muster, sondern die Fülle des Lebens mit allen Sinnen. Das Recht, und das ist das wahre Kunststück der Juristen, muss immer das formalisieren, was geschieht. Die Mathematik gibt hier ein gutes Bild: $a^2 + b^2 = c^2$.

Präzise Bezeichnungen sind denn auch die Sprache des Rechts, die rechtliche Beurteilung ist die Grammatik. Kläger ist derjenige, der von einem anderen in einem Gerichtsverfahren etwas will, der Gegner wiederum, der zahlen soll, ist der Beklagte. Ist der Kläger im Recht, bekommt er ein stattgebendes Urteil; ist er das nicht, folgt die Abweisung. Gegenstand des Rechts ist der jeweilige Anspruch oder das Abwehrinteresse. Hat der Sohn einen Anspruch auf einen Pflichtteil – oder kann die Tochter nachweisen, dass er berechtigterweise enterbt worden ist? Das Recht reduziert die Persönlichkeit auf diese Aspekte.

Menschen in den jeweiligen Lebenssituationen sind mit dieser Formelsprache aber nicht vertraut. Ich habe es schon unzählige Male erlebt, dass Personen regelrecht aggressiv werden, wenn ein Jurist versucht, von ihnen Erlebtes mit rechtlichen Begriffen zu fassen. Was erlauben Sie sich? Geblähte Backen, hochrot der Kopf, das Gegenüber ringt um Atem. Und ich verstehe das auch. Der Jurist blendet den Großteil dessen, was geschieht, ganz einfach aus. Er muss das. Er konzentriert sich ausschließlich darauf, was rechtlich relevant ist. Und das muss nicht genau das sein, worauf es – gerade den Personen, um die es geht – im Leben jenseits des juristischen Tellerrands tatsächlich ankommt.

Emotionen steuern uns. Ja, sie tun das. Und sie tun das ziemlich erfolgreich. Wir erkennen oft nämlich nicht einmal, dass sie das tun. Viel öfter meinen wir, sie im Griff zu haben. Psychologisch betrachtet sind Emotionen nichts anderes als abgespeicherte Erinnerungen. Unser Körper ist der Speicherplatz, auf dem unser System – die Hardware, um in der Computersprache zu bleiben – das abspeichert, was ihm wichtig erscheint. Die Hardware verfügt also quasi über die Software, könnten wir sagen.

Wir selbst können bewusst in Wahrheit kaum oder sogar gar nicht beeinflussen, was hier wie abgespeichert wird. Natürlich, es sind unsere Verarbeitungsprozesse, auf die es ankommt. Der eine Mensch wird eine Erinnerung als positiv abspeichern, der andere als negativ. Wenn jemand etwa in aller Öffentlichkeit lautstark von einer anderen Person kritisiert wird („Hier gilt der Rechtsvorrang!“), wird das die Mehrzahl der Menschen als entwürdigend empfinden – und daher der Speichervorgang die Zuweisungen Schande und Scham vermerken. Manche aber könnten das als positive Bekräftigung wahrnehmen: Sie sind dankbar für den Hinweis und nehmen ihn konstruktiv auf („Oh, das habe ich übersehen – danke!“). Dann stehen damit positive Gefühle wie Bestärkung und Motivation in Zusammenhang.

Die Crux dabei ist aber, dass wir die Tatsache der Speicherung und den abgespeicherten Inhalt als solchen nicht mitbekommen. Gerade, wenn wir uns erinnern wollen, denken wir, wir würden Abgespeichertes abrufen. Das stimmt aber nur bedingt; und für Emotionen selbst stimmt das gar nicht. Emotionen sind nämlich Hinweise des Körpers, der uns in bestimmten Situationen eine Unterstützung geben möchte. Er möchte uns gewissermaßen einen Schaltplan zur Verfügung stellen, dessen Komponenten wir schon abgespeichert haben. In einer Krisensituation setzt er dann selbstständig diese Teile zusammen, sodass sie aus Sicht des Systems Sinn ergeben. Und er will uns damit helfen, unklare Verhältnisse durch Abgleich mit schon bekannten etwas verständlicher zu machen.

Ein plastisches Beispiel sind Angstreflexe. Wir gehen nachts durch eine dunkle Gasse. Wir hören Schritte. Sofort stellen sich uns die Nackenhaare auf – und je nach unserer Verfasstheit sind wir geneigt zu flüchten, gehen in Abwehrstellung oder frieren ein. Als Flight, Fight und Freeze bezeichnet die Psychologie ein solches unwillkürliches Muster.

Emotionen nehmen wir oft nicht wahr. Wut, Hass, Abscheu werden andere sehr wohl an uns bemerken. Wir ziehen die Mundwinkel verächtlich nach unten und wenden uns ab, wir schnauben. Ebenso den Ausdruck der Liebe, der Hoffnung, der Freude. Wir lächeln, wir schmelzen dahin … Aber wir selbst? Wir können uns leider von außen nicht beobachten. Oft stecken wir ganz einfach in unserem Körper drin und tun uns schwer damit, das zu sehen und zu verstehen, was andere an uns beobachten.

Das ist oft ziemlich vertrackt. Nicht selten, vielleicht sogar allzu oft, haben wir verlernt, unsere Emotionen zu verstehen, teilweise sogar, sie wahrzunehmen. Wir spüren dann nur, dass sich in uns etwas regt. Und wir nehmen bloß das wahr, was dadurch ausgelöst wird: eine Stimmung, die uns erhebt (sind wir im Ampelbeispiel gut gelaunt, werden wir uns bedanken und uns selbst versprechen, in Zukunft besser aufzupassen), oder eine, die uns hinunterzieht (wenn wir uns den ganzen Tag schon ärgern, könnten wir dem anderen an den Kopf werfen, er solle sich verziehen und sich um seinen eigenen Kram kümmern, anstatt sinnlos Leute zu kritisieren). Und abhängig von der Stimmung treffen wir dann einmal gute, einmal schlechte Entscheidungen. Wir kennen das alle. Und oft lassen wir andere diese Stimmung spüren, vor allem wenn sie negativ ist: Dann wehren wir ab, sind beleidigend, manchmal sogar körperlich aggressiv. „Road Rage“ nennt die Psychologie beispielsweise Auseinandersetzungen auf der Straße, bei denen einer glaubt, dem anderen Manieren beibringen zu müssen.

Oft leiten uns Emotionen auch fehl. Das ist meistens nicht tragisch, wenn wir etwa aus Ärger über einen Verkehrsstau vor uns den Becher mit Kaffee im Auto verschütten, weil wir geistig nicht ganz bei der Sache sind. Es gibt aber auch Fälle, die wirklich tragische, dramatische Konsequenzen haben.

Denken wir an den Fall eines unerwartet nach Hause zurückkehrenden Ehemanns. An sich sollte er auf einer Dienstreise sein, die wurde aber abgesagt. Und so steht er plötzlich in der Tür der Ehewohnung – und muss wahrnehmen, dass sich seine Ehefrau im Bett mit einem anderen vergnügt. Ich weiß, das ist ein etwas stereotypes Beispiel, aber eines, das in meiner Praxis nicht bloß einmal vorgekommen ist.

Was könnte nun in dem Mann vorgehen, der diesen ehelichen Betrug wahrnehmen muss? Nun, so mancher wird Enttäuschung verspüren. Er wird tief verletzt sein über dieses Hintergehen. Er wird beginnen, an der Aufrichtigkeit seiner Ehefrau zu zweifeln – und an seiner eigenen Vertrauensseligkeit: Hätte ich nicht schon vorher Anzeichen erkennen müssen? Welche dieser Zeichen habe ich übersehen? Ach Gott, wie dumm! Gerade mir! Und was jetzt? Um Himmels Willen!

Andere hingegen, die ein etwas stürmischeres, um nicht zu sagen cholerisches Temperament haben, könnten ganz anders reagieren, und zwar so, wie es leider immer wieder vorkommt. Es brodelt in ihrem Inneren. Ein Cocktail aus Wut, Demütigung, dem Gefühl, verraten worden zu sein, und schließlich Ohnmacht brandet hoch. Und wer sich hier nicht kontrollieren kann, setzt vielleicht die Fäuste ein. Möglicherweise sogar ein Küchenmesser. Oder eine Schusswaffe. Alles bekannt, alles schon passiert. Viel zu oft. „Familientragödie", titelt dann der Boulevard.

Das Recht thematisiert eine solche Emotionslage in § 76 des österreichischen Strafgesetzbuchs (StGB). Eine „allgemein begreifliche heftige Gemütsbewegung" führt einen Menschen dazu, sich „hinreißen" zu lassen, eine andere Person zu töten. Ist dieser Paragraf anzuwenden und nicht etwa § 75 StGB, der den vorsätzlichen Mord regelt, kommt der Betreffende mit einer deutlich geringeren Strafe davon.

Die oben geschilderten Emotionen können, durchaus nachvollziehbar, dazu führen, sprichwörtlich rot zu sehen. Sie können dazu führen, sich *hinreißen* zu lassen. Viel schwieriger zu beurteilen ist das Element der allgemeinen Begreifbarkeit. Das hat viel mit den ethischen Konzepten der Gesellschaft zu tun, die das zu prüfen hat. Noch vor Jahrzehnten hatte eine Frau selbst in Österreich nicht viel zu sagen. Sie durfte nicht arbeiten gehen, wenn der Mann nicht einverstanden war. Er musste sie versorgen, sie war auf ihn angewiesen. So etwas wie Selbstständigkeit und die Würde der eigenen Selbstbestimmung auch für Frauen haben erst relativ spät Eingang in das Recht gefunden.

Zurück zum Beispiel: Die Hörner, die ihm die untreue Frau aufgesetzt hat, drohen dem betrogenen Ehemann das Gehirn zu spalten. Der Pegel steigt, er spürt den rasenden Puls im Hals. Er ist nur mehr fähig, einzelne Begriffe zu verstehen, die in ihm aufpoppen, nämlich: Verrat, Demütigung, Ohnmacht. Und darüber gebietend: Wut.

Bei vielen Männern wird wohl (noch immer) das Moment mitspielen, der Frau doch alles geboten zu haben. Und *so* dankt sie es ihm? Dieses undankbare Stück! Und so „liest" er seine Emotion als gerechte Vergeltung, als Verteidigung seiner Ehre, als unvermeidliche Reaktion. Er spürt nur die Eruption, nicht die komplexe Mischung aus verletztem Stolz, Angst vor Verlust und erlernten Besitzansprüchen. Die Emotion fühlt sich „richtig" an – wie ein moralischer Imperativ, der auch eine Schreckenstat rechtfertigt.

Hier haben ihn Emotionen eindeutig fehlgeleitet, wir könnten auch sagen: fortgetragen. Er hat jegliches menschliche Maß verloren in dieser für ihn sicherlich herausfordernden Situation. Sicherlich, ein solcher Verrat wird uns wohl alle tief ins Mark treffen, sollte die Liebe nicht schon längst erloschen und der Gewohnheit gewichen sein. Aber darf ich mir, wenn auch tief verletzt und berechtigt in Trauer und Zorn, anmaßen, dem anderen das Leben zu nehmen? Nein, das steht keinem Menschen zu. Das kann und wird hoffentlich niemals eine anerkannte Rechtfertigung für Gewaltexzesse sein, egal aus welchem Blickwinkel man es sieht.

Atmen wir nach diesem zugestandenermaßen drastischen Beispiel durch und kehren wir auf nüchterneres Terrain zurück. Auch hier gibt es eine interessante literarische Vorlage: Wenn Recht auf Emotion trifft, konkurriert oft Rechtsempfinden mit emotional empfundener Pflicht.

Sophokles. Griechischer Dichter für Jahrtausende, einige bezeichnen ihn als den Erfinder des Dramas. In seinem Meisterwerk *Antigone* lässt er völlig gegensätzliche, aber durchaus nachvollziehbare Rechtsauffassungen aufeinanderprallen. Die Wucht, mit der uns dieses Stück gefangen nimmt, ist der Emotion geschuldet, die es atmet. Beide Protagonisten beziehen die Autorität, mit der sie ihre Meinung vertreten, aus der emotionalen Rechtfertigung, die ihnen das jeweils überzeugend nahelegt. Und wir als Außenstehende können nur ehrfurchtsvoll bewundern, was uns Sophokles lehrt: Was steht höher – Recht oder doch eine moralische Verpflichtung?

Das antike Theben, deutlich vor der Zeit der Abfassung dieses Dramas im 5. Jahrhundert vor Christus. Bürgerkrieg. König Kreon hat beide Neffen, Söhne seiner Schwester Iokaste und seines Schwagers Ödipus, verloren. Er gebietet und sein Wille ist Gesetz: Der eine ist ehrenvoll zu bestatten, der andere soll unbeerdigt verrotten. Wer dagegen verstößt, sei des Todes:

> „Eteokles, der im Kampf für diese Stadt gefallen ist, in jeder Hinsicht Bester mit dem Speer: Ihn berge man im Grab und weih ihm alle Grabesspenden, die zu den besten Toten kommen in der Unterwelt!
> Doch seinen Bruder, Polyneikes mein ich, der die Vatererde und die Götter unsres Lands, zurückgekehrt aus dem Exil, mit Feuers Brand bis auf den Boden verbrennen und sich am verwandten Blut satt trinken wollte und den Rest versklaven: Ihn – so ist es unsrer Stadt verkündet – soll keiner mit dem Grabe ehren noch beklagen, nein, unbestattet lass man seinen Leib zum Fraß den Vögeln und den Hunden, schmachvoll anzusehen!“[11]

Antigone, die Schwester der beiden Brüder, peinigt ihr Gewissen. Soll sie sich an das unumstößliche Gesetz halten – und dadurch die immerwährende Entehrung des Bruders zulassen? Oder ihn doch beerdigen, wie es ihre göttliche Pflicht und geschwisterliche Hinwendung verlangen – und dadurch das eigene Leben riskieren? So diskutiert sie mit ihrer Schwester Ismene:

> „Hat Kreon nicht den einen unserer beiden Brüder des Grabs gewürdigt und dem anderen schmählich es versagt?
> Eteokles, sagt man, hat er, wie dies die Ordnung will, nach Recht und Brauch geborgen in der Erde, so dass er drunten bei den Toten Ehr genießt.

> Doch Polyneikes' Leiche, der so kläglich fiel, – es sei den Bürgern ausgerufen, heißt es – solle keiner im Grabe bergen und bejammern, nein, man lass ihn unbestattet, unbeweint, den Beutevögeln als leckern Vorrat, wenn sie ihn erspähen, zum Fressgenuss. [...] er erachte diese Sache keineswegs für eine Nichtigkeit, nein, jedem der so etwas tut, dem sei hier in der Stadt der Tod durch Steinigung durchs Volk bestimmt."[12]

Ismene hält dagegen:

> „Nein, zu bedenken gilt es, einmal, dass wir Frauen sind und drum nicht gegen Männer kämpfen können; und dann, dass wir beherrscht von Stärkern sind und so auf diese hören müssen und noch Härteres.
> Drum also bitt ich die, die drunten sind, mir zu verzeihen, da ich dazu gezwungen werd, und füg mich denen, die im Staat das Sagen haben. Denn zu tun, was alle Maße sprengt, hat keinen Sinn."[13]

Antigone entscheidet sich für die Bestattung des verfemten Bruders. Kreon lässt sie gefangen nehmen und verurteilt sie zum Tod durch Einmauern:

> „Ich führ sie dorthin, wo der Pfad ist menschenleer, schließ dann sie lebend ein in einer Felsengruft und stell nur so viel an Nahrung hin, wie dies zur Entsühnung erreicht, damit die Stadt als ganze meidet die Befleckung.
> Dort mag sie Hades, den sie einzig von den Göttern ehrt, beschwören und vielleicht erreichen, dass sie niemals stirbt, oder zumindest dann erkennen, dass vergeudet ist die Müh, des Hades Reich zu ehren."[14]

Diese archaische Strafe lässt uns das Blut in den Adern stocken, die Nackenhaare stellen sich auf. Einmauern? Lebendig verdorren, neben dem angstvoll gebrochenen Herzen nur den eigenen Atem hören, bis er erlischt?

Antigone entscheidet sich, das Grauen vor Augen, für den Suizid. Weitere dem König Nahestehende – sein eigener Sohn, der Antigone zum Ehemann versprochen – folgen ihr. Der Bote berichtet, wie Kreon zu Antigone eilt, um sie, zur späten Einsicht gelangt, zu befreien:

> „des mutberaubten Herrn Befehlen folgen wir und schauen nach und sehn zuhinterst in der Grabeskammer sie aufgehängt am Hals, geknüpft in eine Schlinge, gedreht aus Fäden feinen Linnens, und ihn, wie er, sich an sie schmiegend, ihre Hüfte rings umfing, den Untergang der Braut im Totenreich bejammernd, des Vaters Tat und das versagte Eheglück. [...]
> ‚O Armer, was hast du getan? Was denn nur kam dir in den Sinn? Durch welches Unglück wurdest du verstört? Kind, komm heraus! Auf meinen Knien bitt ich dich!'
> Ihn aber starrt mit wilden Blicken an der Sohn, erwidert nichts und speit ihm ins Gesicht und zieht sein doppelschneidig Schwert, und da der Vater in wilder Flucht hinausstürzt, so verfehlt er ihn; drauf rammt der Ärmste, auf sich selbst ergrimmt, dagegen angestemmt, sogleich das Schwert sich bis zur Hälfte in die Seite und umarmt, bei Sinnen noch die Jungfrau mit erschlafftem Arm; und keuchend stößt er einen jähen Strom blutger Tropfen aus auf ihre weiße Wange."[15]

Kreon bleibt, gebrochen und zerstört, zurück.

Rational, ihrer Vernunft folgend, weiß Antigone natürlich, dass das Gesetz auch gegen sie gilt. Doch emotional fühlt sie sich dem Bruder verbunden. So sehr, dass sie sich freiwillig in höchste Gefahr begibt. Doch, halt: War das wirklich freiwillig? Oder waren der Druck, der auf ihr gelastet hat, die Verantwortung vor der Geschichte, das Bewusstsein, endgültige Rechenschaft vor den Göttern ablegen zu müssen, die in der Ewigkeit herrschen, nicht so wie der Vater, dessen Regentschaft mit dem Tod enden würde, die Liebe zum Bruder, dem sie auch nach seinem Tod nicht zumuten wollte, Schande zu erfahren, nicht übermächtig?

Die Geschichte hat gerichtet. Antigone ist unsterblich geworden. Und Kreon gilt als Inbegriff des Eiferers, der aus Starrsinn über Leichen geht und dadurch nur selbst seinen Weg in die Hölle bereitet.

Fallbeispiel 3: Der Millionär, der mit seiner Familie bricht

Was ist ein Millionär? Nun, nach unserem allgemeinen Verständnis jemand, der ein Millionenvermögen hat. Nun könnten wir aber diskutieren, wie wir das bewerten. So ist Elon Musk etwa eindeutig ein Milliardär. Ob er tatsächlich Milliarden bar und liquide hat, wissen wir nicht. Allein seine Firmenwerte aber erreichen einen 3-stelligen Milliardenbetrag (auch wenn sie zuletzt, nach seinen politischen Eskapaden, deutlich gefallen sind).

Doch auch das kann trügen. War nicht René Benko auch lange Jahre Milliardär? Und nun hat er Privatinsolvenz anmelden müssen. Manchmal ist es tatsächlich mehr Schein als Sein. Denn wenn abgerechnet wird, wenn gnadenlos der Saldo gezogen wird und nicht die „Fantasie" entscheidet, in welche oft aberwitzigen Höhen sich die Aktienkurse – und damit die Bewertungen – hochschrauben *könnten*, sondern es darauf ankommt, was jetzt, in genau diesem Augenblick, verwertbar vorliegt, dann stürzen die Luftschlösser der Illusionen oft ein. Und gleichzeitig schwindet das Vertrauen der Vertragspartner …

Das alles sind Definitionsfragen, die uns in diesem Beispiel nicht kümmern müssen. Unser späterer Erblasser ist vermögend, zweifellos. Er ist ein mehrfacher Millionär. Er hat sich in einer Landeshauptstadt durch Arbeitseifer und Ehrgeiz ein Vermögen geschaffen. Er hat erkannt, dass er als Einzelkämpfer in seiner Sparte zwar durchaus gut über die Runden käme – er ist Bauunternehmer –, dass er aber viel größeren Erfolg hätte, wenn er sein Business skaliert. Dieser moderne Begriff aus der Wirtschaft bedeutet: Er vergrößert seinen Einflussbereich. Er übernimmt andere Unternehmen, geht Partnerschaften ein. Er vervielfacht so seinen Ertrag, während sein Einsatz weitgehend gleich bleibt. Denn er ist ein wirtschaftliches Talent, das früher als viele andere versteht: Sind einmal Strukturen aufgebaut, können die als eine Art Schema in jedem Fall wieder (wenn nötig angepasst) verwendet werden. Standardisierte Prozesse der Auftragsannahme und -bearbeitung sind immer die gleichen.

Und so boomt sein Geschäft. Heinz G. wird zum lokalen, sogar überörtlichen Marktführer. Der Schilling klimpert unaufhörlich in der Eingangskasse und wird nur vom späteren Euro abgelöst, das Vermögen wächst und wächst.

Erst mit Ende 40 denkt er daran, eine Familie zu gründen. Die Jahrzehnte bis dorthin waren der Arbeit gewidmet. Wochenenden – die hat er zwar gekannt, aber den Großteil im Büro und vor allem auf Baustellen verbracht. Urlaube? Fehlanzeige. An einer Hand konnte er die abzählen. Und Beziehungen? Einige, durchaus. Eine hat sogar ein paar Jahre gehalten. Die Frau fürs Leben jedenfalls war noch nicht darunter.

Und er beschließt: Ich will noch etwas vom Leben haben. Ich will nicht als ausgebranntes Wrack enden, in absehbarer Zeit den ersten Herzinfarkt und ein paar Jahre später den zweiten erleiden. Nein, das Leben muss doch auch mir noch etwas bieten! Finanziell hatte er alles, was er wollte, und konnte alles haben, was er sich nur wünschen könnte. Doch er wollte Stabilität. Er wollte jemanden, der für ihn da ist. Der ihn akzeptiert, so wie er ist, mit allen Mängeln und Fehlern, kurzum: der ihn lieben würde.

So wurde er etwas lockerer, umgänglicher. Im Business war er noch knallhart, das hatte er ja viele Jahre lang im brutalen Konkurrenzleben gelernt. Aber privat wollte er das nicht mehr. Und er begann Druck rauszunehmen, um das Leben zu genießen.

Und so lernte er seine spätere Frau kennen. Erst jetzt, im reifen Alter, erfuhr Heinz so etwas wie eine Ahnung von Liebe. Jemanden, der ihn in den Arm nimmt. Der ihm zuhört, der ihm in schwierigen Zeiten Mut gibt; so jemanden hatte er gebraucht – so jemanden hatte er nun gefunden.

Nach zwei Jahren wird das erste Kind geboren, ein Sohn. Vier Jahre später folgt die Tochter. Die Tochter stirbt leider bei einem tragischen Sportunfall als Teenager. Die Familie leidet, er leidet. Wie ein Hund. Und nun wird alles anders.

Heinz stürzt sich wieder in die Arbeit. Manisch, als ginge es um sein Überleben, mischt er die Branche auf. Seine Brutalität in Geschäftsdingen wird berüchtigt. Er ist anerkannt und gefürchtet. Das Vermögen explodiert.

Doch die Familie zerbricht. Oder genauer: Sein Familiensinn zerbricht. Frau und Sohn können wir, nach dem, was wir wissen, keinen Vorwurf machen. Sie haben genauso unter dem Verlust der Tochter bzw. Schwester gelitten. Gerade jetzt wäre die Familie aufeinander angewiesen gewesen, gerade in dieser Situation wäre es darauf angekommen, füreinander da zu sein. Aber er will nicht mehr, er kann nicht mehr. Er ist es nun nicht mehr: für den Rest der Familie da.

Er verlässt die Familie. Aber er lässt sich nicht scheiden. Und seine Frau akzeptiert das. Hätte sie auf Scheidung geklagt, hätte sie gewonnen. Sie wollte das aber nicht. Sie wollte das vor allem dem Sohn nicht antun, die Situation war für diesen schon schwer genug. Er hat soeben die Matura abgelegt und ist auf der Suche zur Selbstfindung. Was studieren? Oder doch lieber gleich arbeiten? Den Vater fragen, ob er in einem seiner Unternehmen eine Anstellung finden könnte? Oder doch völlig auf eigene Faust etwas wagen?

Heinz ist jedenfalls großzügig. Er zahlt seiner Ehefrau klaglos Unterhalt. Und auch für den Sohn zahlt er die Alimente. Er fragt gar nicht nach, ob er denn überhaupt studiert. Er will auch keine Erfolgsnachweise sehen. Er zahlt ungefragt.

Und so beginnt ein neues Leben. Er bewegt sich nur mehr in den höheren Kreisen. Spielt Golf, diskutiert am Abend in Herrenclubs bei einer Zigarre und gutem Cognac. Wird Stammgast in teuren Nachtklubs. Eine richtige Beziehung hat er nicht mehr, aber viele Geliebte. Die beschenkt er reichlich. Und so schwindet, ohne dass es Ehefrau und Sohn mitbekommen, das Vermögen. Langsam, aber stetig.

Seine Firmenanteile verkauft er an einen Kompagnon. Das Geld, das er dafür bekommt, verprasst er. Das darf er auch, natürlich. Er hat das ja alles aufgebaut. Und er fühlt sich auch völlig im Recht, kommt er doch seiner Verantwortung nach und zahlt pünktlich für Ehefrau und Sohn. Die Unterhaltszahlungen kann er sich problemlos von seinem Konsulentengehalt leisten. Denn operativ hat er sich schon weitgehend aus dem Unternehmen zurückgezogen. Er hat aber noch alle Kontakte, auf die es im Baugewerbe so dringend ankommt. Und die nützen seine Nachfolger.

Der Sohn ist mittlerweile ausgezogen; er wohnt im deutschen Tübingen und studiert dort Medizin. Von den Unterhaltszahlungen kann er sich seinen Teil der Wohngemeinschaft finanzieren. Die Mutter wohnt noch immer im Haus, das sie damals kurz nach der Heirat erworben haben. Kredit, Haftung und Rückzahlungsverpflichtung hat unser Unternehmer allein übernommen. Er weiß ja, dass die eigene finanzielle Zukunft stabil sein dürfte. Die Ehefrau hat zwar einen Lehrabschluss, ist allerdings bei den Kindern zu Hause geblieben. Und aus finanziellen Gründen war es nie notwendig, dass sie noch zusätzlich verdient hätte. Allein das Haus zu putzen, ihr täglicher Job – bei 400 m^2 Wohnfläche. Neben der lange Zeit notwendigen Kinderbetreuung wäre es gar nicht möglich gewesen, noch zusätzlich zu arbeiten.

Und so bekommt sie nicht mit, dass ihr Ehemann das Haus verschenkt. Irgendeine Freundin, mit der er einmal kurz, wir wissen es nicht genau, eine Liebesbeziehung gehabt haben dürfte, ist die Nutznießerin. Ihr schenkt er die gesamte Liegenschaft mit der Villa darauf. Ein Millionengeschenk. Hätte die Ehefrau ein im Grundbuch gesichertes Wohnrecht gehabt, wäre sie zumindest informiert worden. Das Grundbuch ist in Österreich das öffentliche Register für Eigentum an Haus und Grund. Wird dort etwas an den Rechten verändert, muss jeder davon verständigt werden, der selbst dort eingetragen ist. Als Wohnungsberechtigte wäre sie verständigt worden.

So lebt sie weiterhin sorglos im Haus und verlässt sich auf die Vereinbarung mit dem Ehemann, dass sie auch für immer dort wohnen kann. Mündlich hat er ihr das mehrfach zugesagt: „Schau, du bist doch die Mutter unserer Kinder. Das ist doch auch dein Haus."

Der Ehemann stirbt. Die Ehefrau hat ihn zu diesem Zeitpunkt schon seit vielen Jahren nicht mehr gesehen. Aber die Unterhaltszahlungen sind immer pünktlich gekommen.

Da sie die Ehefrau ist, wird sie vom Notar verständigt und ersucht, zur Aufnahme des Todesfallprotokolls zu kommen. Da werden mit der vermutlich engsten Bezugsperson alle Daten durchgegangen, Familienangehörige, vor allem auch Vermögen und Schulden.

Und jetzt der Schock: Es stellt sich heraus, dass das vormalige Vermögen gar kein so großes mehr ist. Im Gegenteil. Ein paar Tausend Euro liegen noch auf den verschiedensten Konten.

Aber richtiggehend bedeutende Beträge? Grund und Boden? Autos, Firmenanteile? Aktien, Lebensversicherungen? Leider nein …

Der Verstorbene hat zuletzt in einer Wohnung gewohnt, die einem Geschäftsfreund gehört hat. Eine luxuriöse Wohnung zwar, aber eben nicht sein Eigentum. Die exklusive Langversion seiner BMW-Luxuskarosse hat ebenso wenig ihm gehört, das war ein Firmenauto, über das er als Konsulent verfügen durfte.

Und nicht nur die Liegenschaft mit dem Haus drauf, in dem die Ehefrau noch immer wohnt, hatte er verschenkt, nein, schon vor Jahren auch sein gesamtes anderes Vermögen. Alles gehört nun irgendwelchen Frauen, von denen die Ehefrau noch nie gehört, geschweige denn sie jemals gesehen hat.

Es gibt kein Testament. Die Ehefrau und der Sohn würden daher alles bekommen. Doch was ist *alles*? Die paar Tausend Euro, von denen nach Abzug der Gebühren nicht viel übrig bleiben würde? Wovon in Zukunft leben und vor allem: wo? Denn die Eigentümerin des Hauses besteht nun darauf, dass die Ehefrau auszieht. Offenbar hatte sie mit dem Verstorbenen vereinbart, dass die Ehefrau zu seinen Lebzeiten noch dort bleiben darf; nun, nach dessen Tod, gilt diese Bindung nicht mehr.

Aus den Augen, aus dem Sinn? Gilt das auch für Vermögen, die ein Verstorbener vor seinem Tod verschenkt hat? Oder können Frau und Sohn, unzweifelhaft die Erben, doch etwas verlangen?

Das ist die Frage, die von erheblicher und für die Witwe von existenzieller Bedeutung ist. Denn: Von der Witwenrente allein zu leben, wäre knapp. Allzu knapp. Sie müsste ja noch eine Wohnung finanzieren, die Übersiedlung stemmen und so in doch schon fortgeschrittenem Alter neu beginnen. Eine Berufstätigkeit kommt nicht mehr infrage. Sie hat viel zu lange in keinem Job mehr gearbeitet und ist auch nicht mehr belastbar. Niemand würde sie ernsthaft einstellen wollen.

Zusammenfassung

Fallbeispiel 1: Der verlorene Sohn

Das Hauptproblem ist hier, dass der ältere Sohn mit der Mutter schon jahrzehntelang keinen Kontakt mehr hatte und sie ihn deshalb enterben wollte. Die Mutter hat den jüngeren Sohn ganz eindeutig bevorzugt. Ihm hat sie zu Lebzeiten den Betrieb übertragen, er sollte auch Alleinerbe sein.

Im ***Testament*** (die Einzelheiten dazu sind im österreichischen Allgemeinen Bürgerlichen Gesetzbuch [ABGB] aus 1811, und zwar in den §§ 552 ff., geregelt)[16] hat die Mutter ganz klar eine Enterbung verfügt. Der ältere Sohn solle „nichts bekommen, er hat sich ja schon jahrelang nicht anschauen lassen". Der Wille ist klar, alles geht an den jüngeren Sohn, der ältere bekommt nichts.

Eine wichtige Regel im Zusammenhang mit Testamenten ist zunächst einmal: ***Ein Testament muss verständlich sein.*** Wenn es nicht so klar formuliert ist, dass jeder, der es nach dem Tod liest, sofort versteht, was darunter verstanden werden soll, ist damit der Anlass zu einem jahrelangen Prozess gegeben – oder noch schlimmer: Das Testament gilt nicht.

Ich erlebe es in der Praxis immer wieder, dass Leute meinen, man müsse besonders hochtrabend formulieren, nur um ganz präzise festzuhalten, was man will. Da lese ich dann Formulierungen wie „eingedenk dessen errichte ich meinen letzten Willen, der den Sohn zulasten der Tochter ausschließen möge" oder Ähnliches. Sonst nichts, keine Erläuterung. Keine Erklärung. Das klingt faszinierend. Hier bedient man sich der veralteten Sprache vergangener Jahrhunderte. Was ist damit gemeint? Soll nun die Tochter alles bekommen, wird der Sohn doch ausgeschlossen? Oder bekommt der Sohn nach dem Willen des Erblassers alles, weil das Testament zulasten der Tochter gehen soll? Oder bekommen beide je die Hälfte?

Was unklar ist, wird oft unklar bleiben. Man darf dem Verstorbenen nichts in den Mund legen. Natürlich, die Gerichte bemühen sich, seinen Willen zu rekonstruieren. Aber was letzten Endes zählt, ist immer eine letztwillige Verfügung. Und die ist hier nicht eindeutig, um es zurückhaltend zu formulieren. Ein solches Testament wird mit hoher Wahrscheinlichkeit wegen Unklarheit nicht gelten. Dann war die ganze Mühe vergebens.

Wohl gemerkt: Notare und Rechtsanwälte haben natürlich alle ihren eigenen Stil. Vieles mag ähnlich oder sogar gleich klingen, aber manche haben ganz einfach eine etwas blumigere Ausdrucksweise als andere. Und sie verwenden auch Formulierungen, die heute kein Durchschnittsmensch mehr verwenden würde, sie *befleißigen* sich gewisser Formulierungen.

Es spricht auch nichts dagegen, wenn das dem Sinn nach nachvollzogen werden kann. Ein Notar etwa verwendet in seinen Schriften immer das Wort „sintemalen". Ein wunderschön archaisches Wort aus Zeiten von Goethe und Schiller, aus Übersetzungen der legendären Werke des Honoré de Balzac berühmt. Nur ist es heute kaum mehr verständlich. Und es bedeutet ganz einfach: „weil". Das ist eine persönliche Marotte, könnten wir sagen, eine Vorliebe, die ihm sicherlich zusteht. Wir können ja problemlos herausfinden, was dieser Terminus bedeutet, Google sei Dank.

Aber manchmal – gerade bei selbst verfassten Testamenten, zu denen kein Profi beigezogen wird – geht das fürchterlich ins Auge.

In unserem Beispiel wäre es sinnvoll gewesen, hätte der Erblasser klar geschrieben: „Mein Alleinerbe soll sein: [Name, Geburtsdatum, Adresse].“ Alles ist bestens verständlich, nicht? So sollte ein Testament aussehen. (An späterer Stelle bringe ich übrigens noch einen genauen Formulierungsvorschlag für Testamente mit gewissen Bausteinen, die einen Großteil abdecken sollten.)

Bitte unterlassen Sie daher im eigenen Interesse jegliche noch so verführerisch schillernden Formulierungen, erst recht solche, die Sie vielleicht irgendwo im Internet finden.

Und hier gleich noch ein wichtiger Hinweis, ja, eine Warnung: Bedienen Sie sich NIEMALS irgendwelcher Muster aus dem Internet! Oft stellt die irgendwer hinein, um Kunden anzulocken, noch öfter allerdings fehlt ihm eine juristische Expertise. Oft nehmen diese Vorlagen auch etwa auf den bundesdeutschen Rechtsbereich Bezug und passen ganz einfach nicht in das österreichische Recht. Oder sie betreffen einen völlig anderen Fall als denjenigen, den Sie regeln wollen.

Natürlich können Sie sich auf offizielle Formulare der Republik Österreich, die Sie beispielsweise unter help.gv.at oder auf den Seiten von Ministerien finden, verlassen. Gleiches gilt für Vorlagen, die Sie über die Homepages der Notariats- oder Rechtsanwaltskammern erhalten. Auch Notare und Rechtsanwälte stellen üblicherweise nur Urkunden ins Netz, die sie zuvor überprüft haben.

Ich empfehle aber dennoch dringend, sich vor Abfassung eines Testaments oder dann, wenn Sie ein solches schon haben, fachkundig schlauzumachen. Rechtsanwälte bieten ***Rechtsberatungen*** an. Viele akzeptieren Ihre Rechtsschutzversicherung: Dann wird eine Beratung mit dieser abgerechnet und erfolgt für Sie kostenfrei. Und selbst wenn Sie einmal etwas Geld in die Hand nehmen müssen, hier zahlt es sich wirklich aus. Dann sind Sie auf der sicheren Seite – und fatale Fehler unterbleiben.

Ein weiterer dringender Praxistipp: Wenn Sie das Testament nicht gleich vom Notar oder Rechtsanwalt erstellen lassen wollen, bringen Sie ein handschriftliches dorthin. Gegen eine geringe Gebühr wird es im ***öffentlichen Testamentsregister*** gespeichert – und dadurch wird verhindert, dass es vielleicht in falsche Hände gerät oder verloren geht. Denn ein Testament kann nur dann regeln, was es soll, wenn es auch zum richtigen Zeitpunkt auftaucht.

Ich kenne ungezählte Fälle, in denen mir glaubhaft versichert wurde, es hätte doch ein Testament gegeben. Nur: Wo ist es? Ist es im Register abgespeichert, kann es problemlos abgerufen werden. Liegt es aber in irgendeiner Schublade, in einer alten Dokumentenmappe, ist es in eine Matratze eingenäht, was auch immer – Sie verstehen sicherlich, was ich meine –, dann taucht es unter Umständen nicht mehr auf.

In diesem Fall war der Knackpunkt, der für diese Zwischenfrage entscheidend war, eben die Klarheit des Testaments. Die ist in diesem Fall eindeutig angenommen worden, und das auch völlig zu Recht. Es war klar, dass der jüngere Sohn der Alleinerbe sein sollte. Ob aber die Enterbung tatsächlich gegriffen hat, d. h. von Karl nachgewiesen werden konnte, dass Franz sich der Mutter gegenüber so miserabel verhalten hat, wie dass das Gesetz für eine Enterbung vorsieht (dazu ausführlich später mehr), ist gerichtlich für den Einzelfall zu klären.

Hier werden zwar noch weitere Fragen aufgeworfen (Gültige Enterbung? Schenkungen zu Lebzeiten an den jüngeren Sohn – hat der ältere darauf Ansprüche?), die aber in den nächsten Fallbeispielen behandelt werden.

Fallbeispiel 2: Die böse Mutter und das überholte Testament

Auch hier ist die Formulierung der Tochter, mit der sie die Mutter enterben will, völlig klar: „Meine Mutter enterbe ich. Sie hat mir immer das Gefühl gegeben, ich könne ihr nichts recht machen. Das hat mich tief verletzt und ich kann ihr das nicht verzeihen." Die letzten beiden Sätze sind vielleicht rechtlich nicht unbedingt notwendig, aber sehr sinnvoll. Eine Enterbung greift nämlich rechtlich nur, wenn auch ***Enterbungsgründe nachgewiesen*** werden, wenn es zum Streitfall kommt.

Wir erinnern uns: Die Verstorbene hat im Testament einen Freund begünstigt, mit dem sie vielleicht einmal eine Beziehung hatte. Oder auch nicht. Darauf kommt es rechtlich nicht an. Es steht im Belieben der Erblasserin, als Alleinerben zu bedenken, wen immer sie will.

Engste familiäre Angehörige aber haben das Recht auf einen Pflichtteil. Das sind Mindestquoten, die ich als Ehegatte, Sohn oder Tochter des Verstorbenen bekommen muss, auch wenn ich nichts bekommen soll. Der Grundsatz gilt: Prinzipiell ist ein solcher Pflichtteil immer die Hälfte von dem, was ich bekäme, würde es kein Testament geben.[17] Hätte es daher im Fallbeispiel – die Erblasserin hatte hier nur die Mutter und keine Kinder – kein Testament gegeben, hätte die Mutter alles bekommen. Der Pflichtteil ist daher die Hälfte des gesamten Nachlasses.

Ganz grundsätzlich sind immer eigene Kinder oder Ehegatten zum Pflichtteil berechtigt. Enkelkinder etwa (außer deren Elternteil, der das Kind des Verstorbenen ist, ist schon vorher gestorben) oder Eltern, wenn der Verstorbene eigene Kinder hatte, bekommen keinen Pflichtteil.

Hier aber wird die Mutter, die 50 % als Pflichtteil bekommen hätte, aufgrund Enterbung nichts bekommen. Das gilt aber nur, wenn die ***Enterbung rechtlich wirksam*** war. Im Gesetz ist klar, in welchen Fällen das gilt: Das ABGB regelt das in den §§ 769 ff.[18]

In diesem Fall könnten wir aufgrund der Formulierung schließen, dass die Mutter enterbt werden soll. Aber berechtigt?, fragen Sie. Das ist tatsächlich immer eine Beweisfrage. In diesem Fall kann die Mutter nachweisen, dass sie die Tochter keinesfalls schlecht behandelt hat, geschweige denn das familiäre Verhältnis so tief zerrüttet gewesen sei, dass tatsächlich von einer Enterbung auszugehen ist.

Die Enterbung hat daher hier nicht gegriffen.

Hier kommt es aber wirklich auf jeden Einzelfall an. Oft ist das Gegenteil der Fall. Der Vater, der seine Kinder sexuell missbraucht hat, als diese noch minderjährig waren, und dafür zu einer mehrjährigen Haftstrafe verurteilt wurde, bekommt bei Enterbung nichts. Das ist meistens dann klar, wenn eine gerichtliche Verurteilung vorliegt. Aber was hat es mit dem im Gesetz geforderten Ausdruck „in verwerflicher Weise schweres seelisches Leid zugefügt“ auf sich? Nun, da wird es knifflig. Hier kann man ganz schlecht vorhersagen, wie das bei Gericht ausgehen wird. Da kommt es wirklich immer darauf an, was nachgewiesen, mit anderen Worten: wovon der Richter überzeugt werden kann.

Überzeugung ist hier das Entscheidende: Traut sich der Richter nicht zu sagen, er sei von der Rechtmäßigkeit der Enterbung überzeugt, ergibt sich rechtlich das Gegenteil. Denn Beweispflicht bedeutet: eine klare Überzeugung erwecken. Und wenn etwas unentschieden ist oder erst recht dann, wenn das Pendel der Glaubwürdigkeit in Richtung der Gegenseite ausschlägt, geht der Prozess verloren.

Sie fragen sich sicherlich, was es dann überhaupt gebracht hat, dass die Erblasserin hier so genau formuliert hat. („Sie hat mir immer das Gefühl gegeben, ich könne ihr nichts recht machen. Das hat mich tief verletzt und ich kann ihr das nicht verzeihen.“) Eine gute Frage – und eine klare Antwort: Das war wichtig und ist sehr zu empfehlen.

Denn: Die Frage, ob die Enterbung wirksam ist, stellt sich erst zwei Schritte weiter auf dem Weg zum Pflichtteil. Zunächst geht es um die Entscheidung: Wollen Sie, im Testament sogar mit Begründung enterbt, tatsächlich einen Prozess anstreben, um Ihre Ansprüche durchzusetzen? Dagegen könnte zweierlei sprechen: erstens der klare Wille im Testament und zweitens die (notwendigerweise) immer bestehenden Risiken. Jeder Prozess kostet Geld, manchmal Abertausende Euro. Niemand kann zu Beginn seriös versprechen, auf alle Fälle zu gewinnen. In manchen Fällen kann das durchaus begründet vermutet werden, natürlich erlebe ich so etwas auch. Doch oft gibt es Unwägbarkeiten, die zu Beginn nicht klar abzuschätzen sind. Also gilt es immer, abzuwägen, ob das Risiko den Versuch lohnt – oder eher nicht.

Der klare und begründete Wille in einem Testament ist das letzte Wort des Verstorbenen. Der hat also immer ein gewisses Gewicht. Und dagegen anzugehen, könnte, auch wenn die Voraussetzungen tatsächlich gut sein sollten, abschrecken. So können manche dieser Formulierungen tatsächlich verhindern, dass sie näher hinterfragt werden. Und der Wille des Verstorbenen – die Enterbung – gilt. Ende der Geschichte.

Fallbeispiel 3: Der Millionär, der mit seiner Familie bricht

Hat sich Fall 1 den psychologischen Feinheiten gewidmet und das Verhältnis Mutter – Söhne und vor allem der Söhne untereinander thematisiert, taucht Fall 2 noch wesentlich tiefer in die Psychologie ein; Fürsorge, Dankbarkeit und Irreführung lauten hier die Attribute, die sich zu einem für die Mutter unheilvollen Ganzen bündeln.

Der erste Platz in der Psychologiewertung ist aber unbestritten Fall 3 zu verleihen. Dabei geht es nämlich um Psychologie in der reinsten Form. Hier spielen Elemente mit, wie sie Hollywood nicht besser erwähnten könnte: Verantwortung, Fürsorge, natürlich Liebe, familiärer Gemeinschaftssinn. Doch es kommt noch etwas hinzu, das dem Fall seine eigentliche Tragik verleiht.

Wir erinnern uns: Unser Millionär hat mit der Ursprungsfamilie gebrochen. Wahrscheinlich war der Tod der geliebten Tochter dafür verantwortlich – und ein leider nur allzu typischer männlicher Kompensationsmechanismus, bei dem der Ehemann sein Heil im Zustand des Schmerzes nicht in vertrauensvoller Zuwendung und Gesprächen sucht, sondern indem er sich in seinem Innersten verschließt. Die Lippen zusammengekniffen, den Blick starr nach vorne gerichtet, erlaubt man sich dann nicht, sich den Schmerz einzugestehen. Lieber wendet man sich ab und sucht die Ablenkung in Neuem.

Die entscheidende Fragestellung hier? Ganz eindeutig die Freigiebigkeit des nun Verstorbenen. Hat er doch großzügig sein ganzes Vermögen verschenkt.

Für die Ehefrau hätte es sich dringend empfohlen, sich durch ***Eintragung im Grundbuch*** absichern zu lassen. Wäre sie zur Hälfte Eigentümerin von Grund und Boden gewesen, auf dem sich das Haus befindet, in dem zunächst die gesamte Familie und in der Folge dann sie allein wohnen konnte, dann hätte sie nicht so einfach delogiert werden können. Selbst die Eintragung des lebenslänglichen (Gebrauchs- und) Wohnungsrechts hätte ausgereicht. Dann wäre das Wohnrecht wohl auf Dauer gesichert gewesen. Es gibt zwar eine gesetzliche Bestimmung zum sogenannten „Voraus“ (ja, tatsächlich: welch einprägsam bürokratischer Begriff, der an Ärmelschoner und Amtsschimmel denken lässt) – Lebensgefährten und Eheleute können unter gewissen Umständen auch ohne Eigentum oder eigentliches Erbe weiterhin in der Wohnung wohnen[19] –, aber das wäre in diesem Fall kurz befristet gewesen und so auch keine richtige Hilfe.

Ich empfehle daher allen, die sich in einer schlechteren finanziellen Situation als der Ehepartner befinden und von diesem getrennt leben, mit diesem jedenfalls eine ***Vereinbarung für den Fall des Todes*** zu treffen. Das ist nicht unbedingt eine erbrechtliche Frage im engeren Sinn, sicher aber eine wesentliche familienrechtliche Frage.

Oft nämlich sind sich, das sagt meine Erfahrung, Eheleute dessen nicht bewusst, was es heißt, längere Jahre getrennt zu leben. Eine Ehe bietet und bedeutet grundsätzlich eine gewisse Sicherheit. So bekommt der finanziell nicht so gut Gestellte vom anderen Geldunterhalt, nämlich monatliche Zahlungen. Aber wie dieser Fall – und eine Vielzahl ähnlicher Fälle – zeigt, gibt es hier Risiken, über die man sich oft nicht im Klaren ist. Und ich muss, wie noch mehrfach in diesem Buch, ausdrücklich festhalten: Vorsorge ist immer besser als Nachsorge.

Info

- Formulieren Sie ein ***Testament verständlich.***
- Lassen Sie dieses im ***öffentlichen Testamentsregister*** abspeichern.
- Ein ***Pflichtteil*** ist das, was Kinder und Witwe/r mindestens erhalten müssen.
- Bei ***rechtlich wirksamer Enterbung*** bekommen aber auch diejenigen nichts, die ansonsten etwas bekommen würden oder müssten.
- Eine Enterbung „gilt" nicht automatisch. Der Erbe muss ***nachweisen,*** dass der Enterbte tatsächlich einen Anlass geliefert hat, ihn zu enterben. Sonst gilt die Enterbung nicht.
- Im Testament sollte daher bei Enterbung auch ***genau dargestellt*** werden (was, wann, wie nachweisbar – Zeugen?), aus welchem Grund enterbt werden soll.
- Trennen sich Eheleute zu Lebzeiten und bleiben verheiratet: Unbedingt die ***Rechtsfolgen für den Todesfall regeln!*** Im Zweifel ***Eintragung im Grundbuch.***

Die größten rechtlichen Fallstricke und wie man sie vermeidet

Die Tücken eines fehlerhaften Testaments

Wir haben schon gesehen: Das mit bestem Willen aufgesetzte, rechtlich durchdachte Testament, in dessen Abfassung vielleicht sogar die gesamte Familie eingebunden war, gilt dann nicht, wenn es nicht die notwendigen gesetzlichen Voraussetzungen erfüllt. Es muss klar verständlich sein, es muss datiert sein – weil immer das letzte Testament des Erblassers gültig ist – und es muss vom Verfasser stammen.

Die Tücken fehlerhafter Testamente beschäftigen nicht nur alljährlich die Gerichte in Tausenden Fällen. Natürlich sind sie auch Gegenstand der Weltliteratur.

Ein besonders einprägsames Beispiel ist der Roman *Bleak House* des britischen Großmeisters Charles Dickens. 1852 und 1853 erschienen, gilt er als eines seiner Meisterwerke, wird in einem Atemzug mit *Oliver Twist* genannt und als eines der allzeit besten Werke britischer Schreibkunst bezeichnet. In diesem Werk ungeheurer Dichte und beträchtlichen Umfangs löst die Verlassenschaft nach einem mysteriösen Mr. Jarndyce eine Kaskade von Prozessen aus. Der Verstorbene, ein bedeutender Gutsbesitzer, regelt in einer Vielzahl von Testamenten das Schicksal seines Vermögens. Darunter befinden sich Ländereien, es ist aber auch eine große Menge Geld vorhanden.

Doch zum Leidwesen aller unterscheiden sich die Testamente deutlich. Keines gleicht dem anderen. Immer wieder aufs Neue weist der Verfasser diese Ländereien einmal jenem zu, dann wieder reißt er sie auseinander und spricht die einzelnen Teile zuerst dem einen, dann wieder einem anderen zu. Die britische Rechtsordnung zur damaligen Zeit hat sich nicht damit begnügt, das letzte nachweisliche Testament des Erblassers zu berücksichtigen, nein – es musste stets eine gewisse Anzahl von Zeugen anwesend sein und diese mussten das Testament als tatsächlich letzten Willen bekräftigen. Formvorschriften hat es also auch damals schon gegeben und es gibt sie noch heute.

Die potenziellen Erben verstricken sich in Rechtsstreite, die durch die verschiedenen Instanzen über Jahrzehnte hinweg Rechtsanwälte beschäftigen und die Gerichte strapazieren. Was zählt, ist der nächste kleine Pyrrhussieg. Eine kleine, nebensächliche Prozessfrage wurde geklärt. Und das wird zum großen Sieg aufgeblasen. Ja, kleine Schritte führen zum Erfolg, in diesem Fall aber sind es minimale Trippelschritte, die das eigentliche Ziel – den Prozesserfolg – nicht einmal erahnen lassen. Und so stolpert der Verfahrensgang in eine ungewisse Zukunft. Er geht seinen Weg, während sich die angstvoll Hoffenden immer tiefer in Schulden stürzen, um das im Dickicht der Zukunft liegende Unterfangen zu finanzieren.

Mit den originalen Worten des Autors auf den Punkt gebracht:

> „Jarndyce und Jarndyce geht seinen schleppenden Gang. Dieses Ungeheuer von einem Prozess ist im Laufe der Zeit so verwickelt geworden, daß sich kein Mensch auf Erden mehr darin zurechtfindet. Die Parteien verstehen ihn am wenigsten; aber zwei Kanzleigerichtsadvokaten können nicht fünf Minuten davon sprechen, ohne schon über die Vorfragen ganz und gar uneinig zu werden. Zahllose Kinder sind in den Prozeß hineingeboren worden; zahllose junge Leute haben hinein geheiratet; zahllose alte Leute sind heraus gestorben. Dutzende von Personen sind zu ihrem Entsetzen auf einmal Partei in Sachen Jarndyce und Jarndyce geworden, ohne zu wissen, wie und warum; ganze Familien

> haben mit dem Prozeß sagenhafte Feindschaften geerbt. Der kleine Kläger oder Beklagte, der ein neues Schaukelpferd bekommen sollte, wenn Jarndyce und Jarndyce geschlichtet wäre, ist groß geworden, hat sich ein lebendiges Pferd gekauft und ist in die andere Welt getrabt."[20]

Mit dem Blick aus der Gegenwart muss ich festhalten: Es gibt auch heute Erbstreitigkeiten, die Unsummen an Geld, ja, ganze Vermögen und Existenzen vernichten, an den Nerven zerren und nicht wenige ausbrennen lassen. Und: Es gibt nach wie vor Formvorschriften, deren Nichtbeachtung fatale Folgen haben kann. So muss ein Testament verständlich (und lesbar!) sein, um zu gelten. Es muss unbedingt ein Datum enthalten. Und es muss klar sein, dass es tatsächlich vom Erblasser stammt.

So wird etwa über die Frage, ob das Testament tatsächlich vom Erblasser stammt, eine Vielzahl von Prozessen geführt. „Das ist doch nicht seine/ihre Handschrift!" Das höre ich oft, wenn ich mit Mandanten ein handschriftliches Testament diskutiere. Denn es liegt auf der Hand: Es kann nur der wahre Wille des Verfassers sein, was er selbst geschrieben und unterschrieben hat. Hat das jemand gefälscht, will er die Nachwelt betrügen. Er schreckt nicht vor Betrug zurück, um sich zu bereichern. Das ist nicht zu akzeptieren, deswegen sind die Formvorschriften im österreichischen Recht auch streng.

Wie lässt sich nun aber klären, ob es tatsächlich der Erblasser war, der hier gefertigt hat? Dafür gibt es hochspezialisierte Sachverständige. Forensiker, die sich jahrelang mit der Analyse von Dokumenten befasst haben. Die brauchen natürlich, um das zu prüfen, jede Menge Vergleichsgrundlagen. Verträge, Briefe, Tagebücher, Unterschriften, alles, was dazu beitragen kann, einen sinnvollen Vergleich zum fraglichen Dokument anzustellen.

Notwendig sind natürlich Originale. Denn auch wenn ein bloßer Vergleich des Schriftbilds schon Aufschlüsse geben kann, ist es für eine präzise Analyse schon notwendig, das Originaldokument in der Tiefe begutachten zu können. Es gibt Fälle, wo schon auf den ersten Blick zu sehen ist, dass da etwas von fremder Hand „hingezaubert“ wurde. Ein völlig anderes Schriftbild, ein Buchstabe wird einmal so geschrieben und ein paar Zeilen darunter ganz anders. Oder bei der Unterschrift wird ganz offensichtlich mehrfach angesetzt, um eine annähernd richtige Form hinzubekommen. Dann ist die Sache relativ rasch klar: Es handelt sich um eine Fälschung.

In den meisten Fällen ist das aber keineswegs so eindeutig. Dann ziehen die Sachverständigen das Mikroskop zurate. Entspricht die Schrifttiefe auf unstrittig vom Erblasser geschriebenen Dokumenten jener auf dem Testament? Hat er beispielsweise bei einem O rechts unten, wo er offenbar angesetzt hat, genauso tief auf das Papier gedrückt wie an anderer Stelle? Ist eine Buchstabenfolge genauso in einem Zug ausgeführt – oder wurde im Testament abgesetzt und versucht, den Eindruck eines Durchzugs zu erwecken?

Es sind solche Besonderheiten, die oft nur unter dem Mikroskop zu erkennen sind, die den Unterschied ausmachen. Sie können eine Fälschung überführen, der man sonst nicht auf die Spur gekommen wäre. Auch chemische Analysen sind möglich: Stellt sich etwa heraus, dass die Schrift aufgrund des verwendeten Papiers oder Kugelschreibers erst nach 2000 verfasst worden sein kann, ist damit nachgewiesen, dass es der Erblasser nicht schon 1983 geschrieben haben konnte.

So weit, so klar – oder?

Vor allem ein handschriftliches Testament hat so seine Tücken. Dazu will ich einen weiteren Fall aus meiner Praxis zitieren, um das zu verdeutlichen. Vorab: Es ist ein tragischer Fall, der ganz anderes bewirkt hat, als die Verfasserin des Testaments aufrichtig wollte.

Fallbeispiel 4: Die „Handschrift-Falle"

Das niederösterreichische Mostviertel ist eine sagenhaft schöne Gegend. Ich muss das wissen, ich bin dort aufgewachsen. Die Hügel schmiegen sich aneinander, alles scheint sich vor dem übermächtigen Ötscher, der ehrfurchtsvoll über die Weite gebietet, zu verneigen. Die Landschaft ist gesäumt von Bäumen, die Äpfel, Birnen, Kirschen tragen. Und vor allem Mostobst, aus dem alljährlich jener Fruchtsaft gepresst wird, der dann in bauchigen Fässern zum eigentlichen Wahrzeichen des Mostviertels herangärt: dem Most, Inbegriff der ländlichen Alltagskultur.

Ich liebe das Mostviertel – aber ich habe keine enge Beziehung zum Most. Hatte ich nie. Anders als viele meiner Landsleute, die sich fast ausschließlich davon zu ernähren scheinen, mache ich einen weiten Bogen um dieses Gebräu. In meiner Jugend war ich oft dabei, wenn Most gepresst wurde. Ich habe Mostobst geklaubt, in den Häcksler geleert, wo es in kleine Stückchen zerhackt wurde, das glitzernde Mischmasch in die Presse gehoben und das Drehrad angezogen, mit dem der wertgeschätzte Saft aus dem Fruchtporen gedrückt wurde. Das zusammengepresste Fasermaterial haben die Hühner bekommen, die schon voller Erwartung darauf warteten; nachdem ich es in ihren Garten geworfen hatte, sind sie in atemberaubender Geschwindigkeit zusammengestoben, um die besten Stücke zu bekommen. Das eindeutige Gegenteil zur Situation, wenn der Fuchs in ihren Lebensbereich gelangt wäre – dann wären sie auseinandergestoben wie Elementarteilchen in einem Atomreaktor.

Most soll grundsätzlich gesund sein, so wie Apfel- oder Birnensaft. Er ist ja auch nichts anderes, nur eben vergoren, was den Alkohol hineinzwängt. Das mag schon sein, bringt mir aber nichts. Ich vertrage die von vielen geliebte Kombination aus Fruchtsäure und Fruchtfasern nämlich nicht. Mostversuche haben mich gelehrt: Die Toilette ist rasch aufgesucht, was aber keine Linderung verschafft. Tagelang ist meine Verdauung noch aufgebracht, tagelang plagt mich der Versuch des Körpers, das aus seinem System zu bringen.

In einem kleinen Ort, ein paar Hundert Einwohner, eingebettet in Wiesen mit Obstbäumen, die zur Blütezeit ihr atemberaubend buntes Kleid zeigen, lebt unser Erblasser. In diesem Fall ist es eine Erblasserin. Die klassische Kernfamilie der Siebzigerjahre: Vater, Mutter, zwei Kinder. Der Vater ist Kfz-Mechaniker. Er hat diesen Beruf gelernt und ist nach der Lehrabschlussprüfung beim selben Betrieb geblieben. Nach der Arbeit kam er oft ölverschmiert nach Hause, noch richtig dampfend von der Schwere des Arbeitsalltags.

Die Mutter, seine Ehefrau – es war ihre jeweils erste Beziehung und sie haben 18-jährig geheiratet –, hat die Frauenberufsschule absolviert und ist danach zu Hause geblieben. Es war klar, man würde die Zukunft gemeinsam verbringen, eine Familie gründen und so den eigenen Lebenszweck erfüllen. Darin waren sie sich einig.

Die Eltern der Ehefrau stellten dem Paar ein Grundstück gleich neben dem eigenen zur Verfügung. In den damals üblichen zwei bis drei Jahren war das Wohnhaus fertig und einzugsbereit errichtet. Die Familie und Arbeitskollegen haben mitgeholfen, Tag und Nacht, auch an den Wochenenden, wurde geschuftet. So ist der Rohbau rasch gestanden. In der Zwischenzeit haben die beiden bei den benachbarten Eltern der Ehefrau gewohnt.

Nach und nach sind sie dann in das Haus gezogen und haben dort ihren Bereich erweitert, je nach dem Fortschritt der

Einrichtung: Wohn- und Schlafzimmer, Küche, Kinderzimmer. Stichwort Kinderzimmer: Natürlich waren Kinder geplant. Und die Erstgeborene kam zwei Jahre nach dem Einzug zur Welt.

Vier Jahre später folgte der Sohn. Beide machten eine anständige Ausbildung und waren der ganze Stolz der Eltern. Die Tochter Krankenschwester, der Sohn Elektriker. Beide haben dann ihre eigenen Familien gegründet, der Kontakt zu den Eltern war immer ein guter. Regelmäßige Besuche waren selbstverständlich. Als der Vater einmal nach einem Arbeitsunfall ins Krankenhaus musste – ein scharfer Karosserieteil hatte ihm den Oberschenkel aufgeschlitzt –, eilten alle sofort besorgt ans Krankenbett, um ihm beizustehen.

Geordnete Verhältnisse, können wir also sagen. Eine typische Durchschnittsfamilie, wie wir sie zu Tausenden in ländlichen Gegenden finden.

Mutter und Vater waren verantwortungsvoll und haben an die Zukunft gedacht. So berufen sie eine Familienkonferenz ein und ersuchen ihre Kinder, an einem Sonntagnachmittag zu Besuch zu kommen. Geheimnisvoll teilen sie ihnen mit, es wäre wichtig, man habe „etwas Formales" zu erledigen. Und die Tochter möge bitte ihren Laptop und den Drucker mitnehmen, damit „alles gleich erledigt werden" könne.

Die Kinder, Maria und Fritz, erscheinen wie geheißen. Nach einer herzlichen Begrüßung nimmt die Familie Platz im Wohnzimmer. Kaffee und Kuchen. Mit einem Blick auf die Mutter Johanna setzt Vater Manfred zu sprechen an: „Eure Mutter und ich müssen etwas regeln. Wir sind ja beide nicht mehr die Jüngsten. Es kann immer etwas sein." Seine Ehefrau nickt. „Was ist, wenn wir beide einen Unfall haben? Oder Hanni allein? Oder ich …" Er schluckt. „Das weiß man nie. Darum müssen wir das regeln. Sonst gibt es nachher einen Riesenstreit."

Sohn und Tochter erkennen: Die Eltern wollen das Erbe regeln. Beide sind sich rasch einig: Es soll so geschehen, wie die

Eltern das wollen. Es ist ihr Geld, sie haben das erarbeitet. Es geht um keine Reichtümer, aber doch immerhin um den Lohn jahrelanger Arbeit. Das Haus ist abbezahlt, der Familien-VW steht in der Garage und das Gesparte liegt auf ein paar Sparbüchern.

„Eure Mutter und ich haben das schon besprochen. Das Haus gehört uns jeweils zur Hälfte. Das Auto gehört mir, ich stehe im Zulassungsschein, aber die Mama nutzt es auch." Mama ist seine Frau. Es hat sich liebevoll in der Familie eingebürgert, dass sich die Eltern nicht mehr nur vor den Kindern als Mama und Papa bezeichnen.

„Wir haben ein paar Sparbücher. Die liegen in der Truhe in der unteren Schublade ganz oben. Dort wollen wir auch das Testament hingeben." Die Kinder nicken. „Wir wollen", wendet sich der Vater nun an die Tochter, „dass du das Haus bekommst. Wir wollen dir das jetzt schon überschreiben. Dafür musst du uns pflegen, wenn wir das brauchen, und der Notar hat gesagt, wir müssen auch ein Wohnrecht für uns eintragen lassen." Die Tochter ist sofort damit einverstanden. Damit hat sie gerechnet; es war klar, dass sie sich als Krankenschwester besser um die Eltern würde kümmern können als der Bruder, der ohnehin die meiste Zeit beruflich in ganz Österreich unterwegs ist.

„Und du", der väterliche Blick schwenkt nun auf den Sohn über, „du wirst von uns gleich ausbezahlt. Ich habe den Ferdinand [das ist ein befreundeter Immobilienmakler aus dem Nachbarort] gefragt. Er meint, das Haus wäre so und so viel wert und 70.000 Euro wären in Ordnung."

Bald ist man sich einig. Den Übergabevertrag macht der Notar aus der Bezirkshauptstadt, die Eltern und die Tochter werden dort unterschreiben.

Die Eltern wollen aber gleich an diesem Nachmittag ein Testament machen, um das festzuhalten. „Der Kurt hat uns genau gesagt, was wir schreiben müssen." Kurt ist ein Freund der Familie und hat vor Kurzem erst selbst ein Testament beim Notar gemacht. „Das machen wir jetzt. Mitzi, bist du so lieb und schreibst das auf deinem Kastl?“ Die Tochter öffnet den Laptop und beginnt zu schreiben:

„TESTAMENT. Wir“, es folgen die Namen der Eltern mit Geburtsdatum und Adresse, „erklären unseren letzten Willen wie folgt:

1. Unsere Tochter [Name, Geburtsdatum, Adresse] und unser Sohn [hier werden dessen Daten eingesetzt] sind je zur Hälfte Erben all unseres Vermögen, welchen Namen es auch immer hat.
2. Unsere Tochter […] wird von uns das Eigentum an der Liegenschaft [Einlagezahl, Katastralgemeinde, Adresse] übertragen erhalten.
3. Im Gegenzug wird unser Sohn […] von uns eine Abfindungszahlung von 70 000 Euro bis längstens […] erhalten. Er hat dann keine Ansprüche gegen unsere Tochter […].
4. Dies erklären wir im Vollbesitz unserer geistigen Kräfte, unbeeinflusst und ernst und bekräftigen dies durch unsere Unterschrift als unseren letzten Willen.“

In einer guten halben Stunde ist alles geschrieben. Alle vier Anwesenden sind einverstanden. Und die Eltern unterschreiben. Mit dem guten Gefühl, nun alles anständig geregelt zu haben, geht man auseinander.

Plötzlich: der Schock. Aus ungeklärter Ursache – vermutet wird ein Herzstillstand – gerät im Zuge der Heimfahrt von einer Familienfeier der vom Vater gelenkte VW Passat Variant auf der an sich schnurgeraden Straße von dieser ab. Er wird scharf nach rechts verrissen – und knallt frontal gegen einen Baum. Die Airbags gehen sofort auf, doch sie können nichts bewirken. Die Anprallenergie war zu groß, der kraftfahrtechnische Sachverständige vermutet eine Kollisionsgeschwindigkeit im Bereich von 80–85 km/h. Der Lenker und seine Beifahrerin, die Ehefrau, überleben den Unfall nicht.

Die Todesnachricht versetzt die Kinder in tiefe Trauer. Sie organisieren das Begräbnis, zu dem die Familie zusammenkommt. Das Verhältnis der Geschwister hat in den letzten Jahren gelitten. So innig wie früher war es jedenfalls nicht mehr. Fritz ist in seinem Unternehmen aufgestiegen und nun Montageleiter. Diese Belastung hat auch zum Scheitern seiner Ehe geführt. Er lebt nun allein in einem Nachbarort, seine Kinder sieht er kaum. Meistens nächtigt er in verschiedenen Pensionen, da er beruflich viel unterwegs ist.

Gemeinsam betrauert die Familie den Verlust. Das Begräbnis ist würdig, der Leichenschmaus – wie immer – zwiespältig. Den starken Gefühlen der Trauer wird durch die Wiedersehensfreude, endlich wieder einmal die anderen Verwandten zu sehen, Konkurrenz gemacht. Manchmal überlagern kurze Momente der Freude sogar die stumme Trauerstimmung.

Ein Monat später, Termin beim Notar. Verlassenschaftsabhandlung. Pünktlich erscheinen die Geschwister. Maria hat dem Notar schon zwei Tage vorher das Testament in die Kanzlei gebracht, ganz so, wie sie es den Eltern versprochen hatte.

Der Notar dankt für die Anwesenheit und eröffnet. Die Augen der Geschwister weiten sich und auf dem Gesicht der Tochter zeichnet sich ein Ausdruck des Schreckens ab. „Das Testament, das Sie [der Notar blickt Maria an] in mein Büro gebracht haben, ist ungültig." Ungläubiges Staunen. „Ja, es ist nicht gültig. Den Inhalt verstehe ich schon. Aber es hätte alles mit der Hand geschrieben werden müssen, vom Vater und der Mutter. Nur dann ist ein Testament ohne Zeugen gültig." Der Notar erklärt nüchtern: „Sonst hätte das Testament von drei Zeugen unterschrieben werden müssen. Dann wäre es wieder gültig gewesen. Das haben wir hier aber nicht."

„Aber wir waren uns einig", wirft die Tochter ein, die um ihre Fassung ringt. Der Bruder schweigt. „Das kann natürlich sein. Wenn Sie sich einig sind, ist das auch in Ordnung. Aber ich muss über die Rechtslage aufklären." Der Notar blickte beide an. „Und die ist eben eindeutig. Das Testament ist nicht gültig. Und dazu kommt noch", er seufzt fast unmerklich, aber Maria nimmt das genau wahr, ihre Sinne sind zum Äußersten gespannt, „dass auch die Regelung mit der Übergabe so nicht geht. Da wäre ein Notariatsakt erforderlich gewesen." Die Schwester versteht nicht, er fährt fort: „Ich meine den Verzicht Ihres Bruders. Ich war ja nicht dabei, als das geschrieben wurde. Wenn Sie sich heute einig sind, dass das so gelten soll, dann gilt das natürlich. Ich kann nur sagen: Wenn Sie", Blick auf den Bruder, „damit nicht einverstanden sein sollten, dass Sie nur die damalige Abfindungszahlung erhalten und sonst das Liegenschaftseigentum bei der Schwester bleibt, dann hätten Sie Ansprüche."

„Welche?", entfährt es dem bislang schweigenden Bruder. Natürlich, der Fritz, fährt der Schreck in seine Schwester, wenn es ums Geld geht …

„Nun, das Gesetz spricht vom sogenannten Schenkungspflichtteil. Kurz gesagt: Es wird fingiert, das geschenkte Vermögen wäre noch in der Erbmasse vorhanden. Und das Fehlende ist vom Beschenkten nachzutragen."

Nach dieser sachlichen Präsentation des Gesetzesinhalts folgt eine Diskussion. Der Notar verdeutlicht das in einfachen Worten, die Geschwister verstehen. „Aber dann müsste ich ja meinem Bruder noch etwas zahlen?" Maria blickt verzweifelt.

Der Notar klärt darüber auf, dass das von den Wertverhältnissen zum Zeitpunkt der Übergabe abhängt. Was war die Liegenschaft damals wert? Der geschenkte Teil ist von Interesse. Die Verpflichtung zur Pflege und Betreuung, die die Tochter damals übernommen hat, ist natürlich zu berücksichtigen. Ein Sachverständiger ermittelt also den Wert des, wie es das Gesetz nennt, Schenkungsobjekts. Das wird dann nach den üblichen Tabellen zum Todeszeitpunkt hochgerechnet.

Und es kommt dabei doch deutlich mehr heraus als die 70 000 Euro, die Fritz damals bekommen hat. Wenn er also darauf besteht und nicht bestätigt, dass die damalige Regelung auch mit seinem Einverständnis erfolgt ist, kann er noch einen bedeutenden 6-stelligen Betrag von seiner Schwester verlangen.

Form und Inhalt – was zählt und was geschieht, wenn Fehler passieren

Wir sind nun schon ziemlich weit vorgedrungen und wissen bereits eine Menge über gültige und ungültige Testamente.

Was wir aber noch nicht besprochen haben, ist die äußere Form eines Testaments. Ist es egal, auf welchem Bogenformat der letzte Wille geschrieben steht, ob in einem gebundenen Heft, auf einer vernähten notariellen Urkunde, auf einem oder mehreren Blatt Papier? Oder gilt es auch hier, etwas zu beachten – mit vielleicht schlimmen Konsequenzen, hält man sich nicht daran?

Sie vermuten richtig: Das Recht hat auch für die Frage der Form Vorschriften getroffen. Und die müssen ebenfalls genaustens beachtet werden.

Fallbeispiel 5: Die hinterbliebene Lebensgefährtin

Innsbruck, Österreichs westlichste Großstadt. Ein wunderschöner Flecken Erde: Scharfkantige, schroffe Kletterfelsen umgeben diese Perle der österreichischen Alpen. Die Altstadt, ganz in kaiserlich-königlichem Flair, verströmt den Atem der alten Monarchie. Das berühmte Goldene Dachl zieht Touristen aus aller Welt an. Die Universität zählt zu den bedeutendsten Europas (ich muss das hervorheben, ich habe dort promoviert!). In nicht einmal einer halben Stunde gelangt man mit der Hungerburgbahn mitten vom Stadtzentrum aus in eine Berglandschaft, die einen atemberaubenden Blick über die Stadt gewährt. Und vor allem: Klima und Atmosphäre sind hier in Innsbruck ganz anders als im Osten Österreichs. Viel entspannter, geselliger, vielleicht auch optimistischer.

Jakob ist in Osttirol aufgewachsen. Ihn zieht die Größe der Stadt an. Er konnte sich nicht vorstellen, sein Leben auf Dauer in der zwar imposanten, aber doch manchmal recht einengenden Atmosphäre seiner Heimat, eingeklemmt zwischen Tauern und Dolomiten, zu verbringen. So macht er die Matura in Lienz und zieht dann nach Innsbruck, um dort Medizin zu studieren.

Während des Studiums lernt er Karin kennen. Auch sie ist angehende Medizinerin. Sie verlieben sich, ziehen zusammen. Jakob ist etwas älter und beendet daher das Studium als Erster. Sein großer Traum: die Selbstständigkeit als Allgemeinmediziner, als Hausarzt. Beide beschließen, eine Ordination zu gründen. Jakob übernimmt eine Ordination im Innsbrucker Stadtzentrum. Der Arzt geht in Pension, er freut sich, einen ehrgeizigen Nachfolger gefunden zu haben. Karin wird Ordinationsassistentin. Sie beendet ihr Medizinstudium nicht, qualifiziert sich aber in mehreren Lehrgängen für diese Position. Und die Ordination floriert.

Jakob ist als Arzt angesehen, er gilt als hervorragender Diagnostiker. Er kauft ein Haus in einer schönen Aussichtslage, von dem aus er täglich in die Ordination pendelt. Ein glückliches, erfülltes Leben, so scheint es, und doch fehlt etwas, das sie beide sich so sehnlichst gewünscht hätten: Kindersegen.

Sie überlegen, ein Kind zu adoptieren, tun das dann aber aus verschiedenen Gründen doch nicht. Sie entscheiden sich dafür, auch weiterhin kinderlos zu bleiben, und unternehmen in der Freizeit viele Ausflüge. Sie nützen die prachtvolle Natur rund um Innsbruck für Bergwanderungen, Radausflüge. Jakob ist sehr gut trainiert und nimmt regelmäßig an Lauf- und Radveranstaltungen teil. Und sie machen viele Urlaube im Ausland, darunter Kenia, China, die USA.

Nun sind sie schon über 20 Jahre zusammen und doch heiraten sie nicht. Karin hätte sich das immer gewünscht, aber Jakob hat hier seine eigenen Vorstellungen. Für ihn ist die Ehe ein Relikt aus vergangenen Jahrhunderten, als Frauen „versorgt" werden mussten. Er sichert ihr zu, er werde wohl immer gut verdienen und deswegen könne er auch im Alter problemlos für das gemeinsame Leben aufkommen. Sie sei ja auch selbst sozialversichert, sodass nichts passieren könne.

Aber ein befreundeter Rechtsanwalt rät ihm, doch ein Testament zu Gunsten seiner Lebensgefährtin zu machen. Man wisse nie. So macht er es auch. Und er hat sich vorher gut erkundigt: Er weiß, dass sich ein klar formuliertes, gut lesbares handschriftliches Testament am besten eignet, um gültig zu sein. Er kennt die Formvorschriften und ist sich daher sicher, es werde alles passen. Und so nimmt er keine weitere Rechtsberatung in Anspruch.

Er setzt sich hin, setzt seine Lebensgefährtin als Alleinerbin ein, unterschreibt mit Datumsangabe und ist zufrieden. Weil er sich doch die Mühe macht, sein Vermögen etwas genauer zu bezeichnen – er möchte nämlich nicht, dass irgendetwas unter den Tisch fällt, weil er einige Vermögensanlagen im Ausland hat, die Karin vielleicht nicht alle ausfindig machen könnte –, kommt er mit einer handschriftlichen Seite nicht aus. Und weil er ein ordnungsliebender Mensch ist, möchte er nicht die Rückseite dieses weißen Blattes auch noch benutzen. Die Tinte seines Füllers drückt nämlich auf die andere Seite durch und lässt hier Farbflecken erkennen, wenn an einer Stelle die Sättigung besonders stark war und das Papier eine größere Menge Tinte aufgenommen hat.

So nimmt er ein weiteres Blatt Papier zur Hand, stellt dort das Testament fertig und bezeichnet beide Blätter mit den Seitenangaben 1 und 2.

Für Karin ist es eine willkommene Überraschung, als er ihr das Testament präsentiert. Ihr fällt doch ein Stein von Herzen, sie fühlt sich nun abgesichert. Und sie verspricht ihm, das Testament sicher aufzubewahren. Sie bringt es sogar zu einer Bank, wo sie es im Tresor verschließt.

Jakob, so fit er auch immer war, so sehr trainiert und athletisch (niemand konnte ihm sein wahres Alter ansehen – die Leute schätzten ihn üblicherweise 15–20 Jahre jünger), litt an einer ererbten Disposition: Seine Gewebestruktur war brüchig.

Und so kam es, dass er plötzlich, als er auf dem Rennrad zu einer längeren Tour unterwegs war, zusammenbrach. Man dachte zunächst, er wäre nur bewusstlos, weil er zwar blutig und voller Schrammen auf der Straße lag und nicht ansprechbar war, seine Verletzungen aber nicht ganz so dramatisch schienen. Ein Sturz bergauf bei geringer Geschwindigkeit. Aber der herbeigerufene Notarzt konnte nur mehr den Tod feststellen.

Es stellte sich heraus, dass die Aorta gerissen war. Die Hauptschlagader war aufgeplatzt – und Jakob innerhalb kürzester Zeit verblutet.

Trauer bei den Angehörigen. Jakobs Eltern, zwar schon betagt, waren beide noch am Leben. Der Vater litt an Alzheimer und hatte einen Erwachsenenvertreter. Dieser war vom Gericht bestellt worden, weil der Vater nicht mehr geschäftsfähig war, und musste sich um dessen finanziellen Belange kümmern. Die Mutter lebte in einem Pflegeheim und war vergleichsweise geistig noch gut beisammen.

Auch hier: Termin beim Notar, Abhandlung. Karin nimmt das Testament mit, sie überreicht es dem Notar. Neben Karin sitzen der Erwachsenenvertreter von Jakobs Vater, ein Notar aus dem Oberland, und die interessierte Mutter.

Schon als Karin dem Gerichtskommissär das Testament überreicht, verzieht dieser die Mundwinkel, eine tiefe Falte bildet sich zwischen den Augen.

„Ist das das einzige Testament? Oder gibt es noch ein anderes?“, fragt er Karin. Sie verneint. Auch die anderen kennen keine andere letztwillige Verfügung. „Dann sind wir uns einig“, setzt der Notar fort, „dann müssen mit diesem hier arbeiten.“ Karin ist erleichtert. Man weiß ja nie!

Ihre Erleichterung weicht aber Unsicherheit, als der Notar fortfährt: „Ich bin mir nicht sicher, ob dieses Testament gültig ist. Es kann sein, dass der Grundsatz der Urkundeneinheit nicht sichergestellt ist.“ Urkundeneinheit? Karin fragt sofort nach, was das bedeuten soll.

Und der Notar erläutert ihr, dass es keinen Zweifel geben darf: Ein Testament muss ein *einheitlicher* Akt sein. Das hier sind zwei lose Blatt Papier. Nur auf einer Seite, nämlich der letzten, steht ein Datum. Nur auf einer Seite, nämlich derselben, befindet sich die Unterschrift.

Es könne daher sein, dass das Testament nicht gültig ist. Theoretisch könnte es sein, dass Jakob einmal eine Seite geschrieben hat und dann irgendwann einmal eine andere. Auch könnten die Seiten ausgetauscht worden sein. Wenn Vorder- und Rückseite beschrieben oder die Seiten, so wie es Notare immer machen, zusammengenäht wären – dann wäre die Sache klar. Dann wäre der letzte Wille gültig. Aber so? Er runzelt die Stirn.

Wir können uns vorstellen, dass Karin mehr als die Stirn runzelt. Alles in ihr zieht sich zusammen. Ein angstvoller Schmerz fährt durch ihren Körper – was nun? Was, wenn das Testament tatsächlich ungültig ist? Was wird dann aus mir?

Selbst hat sie nämlich kaum Vermögen. Ja, es gibt ein gemeinsames Konto mit dem Verstorbenen. Da es auf beide lautet, steht ihr die Hälfte zu. Aber Ordination und Liegenschaft, auf der das gemeinsame Haus steht, das alles stand in seinem Eigentum. Und wenn das Testament wirklich nicht gelten sollte – steht sie auf der Straße. Als Lebensgefährtin kommt ihr zwar noch eine gewisse Zeit ein Wohnrecht zu (besagtes Vorausvermächtnis, siehe zuvor), dann aber: erzwungener Neubeginn.

Dieser Fall ist ein besonders tragischer. Hier steht tatsächlich die Existenz von Karin auf dem Spiel. Die Ordination wird abgewickelt, sie wird arbeitslos. Sie bekommt zwar Arbeitslosenunterstützung, kann damit aber keinesfalls den gewohnten Lebensstandard halten. Es kommt daher ausschließlich darauf an, was die sonst nach dem Gesetz berechtigten Erben dazu sagen.

Sie wissen schon: Es gibt hierzulande das Pflichtteilsrecht. Gewisse nahe Angehörige müssen etwas von der Erbschaft bekommen, außer sie werden rechtswirksam enterbt.

Lebensgefährten zählen jedoch leider nicht zum Kreis der gesetzlichen Erben. Von gesetzlichen Erben spricht man, wenn kein Testament vorhanden ist – oder eben ein ungültiges. Da beide keine Kinder hatten, gibt es aus diesem Kreis keine Erben. Aber: Nach den Kindern kommen immer die Eltern zum Zug. Die haben einen gesetzlichen Anspruch, wenn der Verstorbene keine Kinder hatte. In diesem Fall ist das so.

Also müssen sich die Eltern von Jakob erklären. Der Notar setzt ihnen das ausführlich auseinander. Er vergewissert sich, dass Jakobs Mutter das verstanden hat. Dem Notar, der den Vater vertritt, ist das ohnehin die ganze Zeit über klar gewesen. Schon als sein Kollege das Testament in Händen hielt, hatte er denselben Gedanken wie dieser.

Der Notar rät der Mutter, sich die Sache durch den Kopf gehen zu lassen. Sie müsse nicht heute entscheiden, ob sie zu Gunsten von Karin auf etwas verzichten will oder nicht. Jakobs Mutter hatte immer ein gutes Verhältnis zu Karin. Sie kann sich daher vorstellen, ihren Erbanteil nicht zu beanspruchen. Dann müsste mit dem Ehemann eine Lösung gefunden werden, wie Karin das Eigentum erhält. Oder zumindest ein Wohnrecht.

Aber der Erwachsenenvertreter des Vaters sperrt sich sofort dagegen. Nein, er könne hier keine Zugeständnisse machen. Für ihn sei die Sache klar: Der von ihm Betreute habe Anspruch auf die Hälfte des Nachlasses. Die weitere Hälfte bekomme die Mutter. Er ersuche um Verständnis: Er sei ausschließlich der betreuten Person verpflichtet und könne auf andere keine Rücksicht nehmen.

Nun ist die Mutter natürlich überfordert. Sie könne das jetzt nicht sagen, und wenn der Vater nicht wolle, dann will sie auch nicht.

Für Karin bricht nun innerhalb weniger Tage die zweite Welt zusammen. Die erste ist mit dem Tod des geliebten Lebensgefährten eingestürzt; nun hat sie berechtigte Existenzängste. Sie hofft, dass sie mit den Eltern wenigstens eine Vereinbarung treffen kann, noch im Haus wohnen zu dürfen.

Und sie hofft, das Testament wäre doch gültig. Man kann ja ganz klar herauslesen, was der Verstorbene wollte, oder?

Patchwork-Familien und die neue Erbrechts-Realität

Der Begriff Patchwork bezeichnet etwas Zusammengeflicktes, Zusammengenähtes. „Patch" heißt auf Deutsch „Stoffstück". Unterschiedliche Strukturen, so verschieden sie auch sind und vielleicht gar nicht zusammenpassen, werden zusammengefügt. Und sie sollen dann eins sein. Im besten Fall sind sie das auch.

Harlan Thrombey, ein bekannter Autor von zweifelhafter Populärliteratur, hat soeben seinen 85. Geburtstag gefeiert. Lange aber wird er ihn nicht überleben – am nächsten Morgen findet man in leblos auf. War es Suizid?

Wir werden dieses Rätsel an dieser Stelle nicht lösen, aber mit Interesse bemerken, dass seine Familie nach dem typischen Patchwork-Muster gebildet ist. Kinder aus verschiedenen Ehen, Schwiegersöhne und Schwiegertöchter, Enkel …

Eine finanzielle Erwartungshaltung ist in der Familie fest verankert. Es geht doch um ein beträchtliches Vermögen. Und man ist sich sicher, der Verstorbene werde auf niemanden vergessen haben. Nein, vergessen hat er tatsächlich auf niemanden aus der Familie. Aber er hat auch keinen bedacht. Nach seinem Testament – Überraschung, Überraschung! – soll alles die Pflegekraft Marta erben. Und die Familie soll leer ausgehen.

Das ist der Plot einer enorm erfolgreichen Krimikomödie aus dem Jahre 2019. „Knives Out“[21], so fordert uns der Filmtitel heraus, die Messer mögen gezückt werden! Rian Johnson, der Regisseur, hat einmal gesagt, er wollte einen bewusst altmodischen Kriminalfilm im Stil Agatha Christies drehen. Der Erfolg gab ihm recht: Der Film hat ein Vielfaches seiner Produktionskosten eingespielt – und ist noch immer ein Hit auf Streaming-Plattformen. Vor allem verdankt er das auch dem Cast. Daniel Craig ist sichtlich froh, einmal seinem allmächtigen Über-Ich als James Bond entkommen zu können, das rund um die Uhr mit Gewichten, an Geräten und auf dem Ergometer trainieren muss, um die Anforderungen, ein Topagent im Dienste Ihrer Majestät zu sein (und das noch glaubhaft zu performen), zu erfüllen. Ana de Armas, sein Sidekick im späteren 007-Abschiedsabenteuer „Keine Zeit zu sterben“ aus 2021, versteht sich offenbar prächtig mit ihm. Ein großer Spaß müssen die Dreharbeiten gewesen sein! Die Fortsetzung kam schon 2022.

Patchwork-Familien kennen wir auch aus dem eigenen Leben. Manche von uns leben in einer solchen – ich übrigens auch. Manchmal ist es die Frau, die ein oder mehrere Kinder aus einer vorangegangenen Beziehung mitbringt, manchmal der Mann, der aus einer verflossenen Ehe oder verwitwet Kindersegen beisteuert.

Und was so selbstverständlich ist, was alltäglich oft reibungsfrei gelebt wird, stellt das Recht vor so manche Probleme. Denn über Patchwork erlangte Kinder sind keine leiblichen Kinder. Natürlich können sie adoptiert werden. Das ist aber eher selten der Fall. Viel eher lebt man mehr oder weniger zusammen, oft auch unter einem gemeinsamen Dach. Ganz klar, das ist eine Familie, die um nichts weniger wert ist als die typische Kernfamilie aus den Siebzigerjahren. Nur: Es ist rechtlich schwieriger in den Griff zu bekommen.

Gesetzliche Erben und pflichtteilsberechtigt sind nämlich nur die leiblichen Kinder. Das österreichische Erbrecht sieht in § 757 ABGB als pflichtteilsberechtigte Personen den Ehepartner – und nun auch den eingetragenen Partner –, leibliche Kinder und Adoptivkinder vor. Enkelkinder kommen in Betracht, wenn das Kind des Erblassers (also der Elternteil des Enkels) zuvor verstorben ist. Kein Wort von Patchwork-Kindern.

Bislang ist das auch noch nicht geändert worden. Ob es in naher Zukunft geändert wird, liegt am Gesetzgeber. Solche Wertungsfragen sind politische Entscheidungen und die hängen immer auch von den Mehrheitsverhältnissen im Parlament ab.

Ein weiteres Fallbeispiel? Gern!

Fallbeispiel 6: Der Erbstreit, der eine Familie zusammenführt – und doch spaltet

Österreichs jüngste Landeshauptstadt. Gelegen im Herzen Niederösterreichs, wurde St. Pölten erst im Juli 1986 zur Landeshauptstadt erhoben. Der Beschluss des niederösterreichischen Landtags wird einstimmig gefasst. Er beruhte auf dem Ergebnis einer Volksbefragung, die wenige Monate zuvor stattgefunden hatte. Wiener Neustadt, Baden und Tulln blieben weit abgeschlagen zurück. Alles schöne Städte, zweifellos: Wiener Neustadt, das theresianische Zentrum des Industrieviertels südlich von Wien; Baden, die alte Kulturstadt mit Kasino, Prunkbauten und Parks; Krems – Donau, Wachau, Wein, Kunst und Kultur.

Und doch schlug das Pendel deutlich zugunsten von St. Pölten aus. War es die zentrale Lage unmittelbar an der Westautobahn? Eine halbe Stunde vor Wien, eine Stunde nach Linz? Der Bischofssitz mit dem imposanten Dom? Oder doch die fast südländisch entspannte Atmosphäre in den Sommermonaten, die uns die Sonne auf dem Rathausplatz genießen lässt und uns an Italien oder Südfrankreich erinnert?

St. Pölten, Schauplatz des Geschehens. Unser Erblasser hat selbst reich geerbt. Das aber erst spät im Leben. Eine Tante ist verstorben, die ihm, weil sonst keine Verwandten mehr vorhanden waren, ein großes Zinshaus im Stadtzentrum hinterlassen hat.

Aufgewachsen ist er nach dem Weltkrieg in der nördlichen Steiermark. Liezen, Stadt des Gewerbes. Nordöstlich angrenzend an den Nachbarbezirk Leoben, der bekanntlich als einziger Bezirk Österreichs alle Selbstlaute in einer Folge vereint (etwa so: „La-i-e-o-um“, so sagen mir Ortsansässige). Eingang ins Ennstal. Admont, das Stift mit der wohl weltweit beeindruckendsten Stiftsbibliothek, die mir jedes Mal den Atem raubt. Das unvergleichliche Gesäuse mit der wilden Enns und dem steil aufragenden, so unnahbar wirkenden Hochtor. Trieben, bekannt für Industrie und Handwerk, Pass nach Oberkärnten, liegt am Weg zum Meer.

Seine Mutter stirbt früh. Er kommt zu einer Pflegefamilie. Dort ist er allerdings nicht glücklich. Er reißt aus, worauf er bei einer weiteren Pflegefamilie landet. Diese bemüht sich redlich und hilft ihm durch die Zeit der Schule und Lehre. Er wird Tischler. Er arbeitet in einer ortsansässigen Tischlerei, ein solides und anständiges Leben. Er heiratet früh. Noch keine 20, ist schon Nachwuchs unterwegs. Doch die Ehe steht unter keinem guten Stern. Sind es die unglücklichen Erfahrungen aus der Kindheit? Ist es der frühe Tod der Mutter, die Gewalt in der Pflegefamilie? Wir wissen es nicht. Jedenfalls beginnt er zu trinken, wird aggressiv und auch übergriffig.

Seine Ehefrau lässt sich von ihm scheiden. Er verliert seinen Job und übersiedelt nach St. Pölten – ohne zu wissen, dass dort eine leibliche Tante von ihm wohnt. Die hat er nie kennengelernt. Er erfängt sich, bildet sich fort, spezialisiert sich auf Büroeinrichtung. Bald findet er eine gut dotierte Anstellung in einem Unternehmen, das vorwiegend Kanzleien von Rechtsanwälten, Notaren und Steuerberatern ausstattet. Er verdient gut, er lebt sparsam.

Er lernt hier seine zweite Frau kennen. Der gemeinsame Sohn wird nach der Eheschließung geboren, es folgt noch eine Tochter. In der Familie findet er sein Glück. Endlich.

Dann stirbt die vermögende ihm unbekannte Tante. Er weiß zuerst gar nicht, was er damit anfangen soll – eine Tante, hier in St. Pölten? Und doch: Er ist der einzige Erbe. Er nimmt die Erbschaft an und zieht mit seiner Familie von der Mietwohnung in das nun eigene Haus. Ein unverdientes Glück, so meint er, und ist dankbar dafür.

Das Leben nimmt seinen Lauf. Er beendet seine Berufslaufbahn, nun ist er in Pension. Er hat insgesamt vier Enkelkinder, die sein ganzer Stolz sind. Er freut sich, wenn sie zu ihm kommen. Und wir wissen: Sohn und Tochter, Schwiegersohn und Schwiegertochter sind nur allzu froh, wenn sie gelegentlich etwas Luft bekommen. Die größte Freude bereitet ihm, wenn er mit allen Enkelkindern gemeinsam etwas unternehmen kann.

Da wird sein Herz wieder jung. Aber doch ist etwas in ihm, das an ihm nagt. Die erste Familie. Die aus seiner Jugend. Wie geht es der ehemaligen Ehefrau, wie dem Sohn? Er hatte sich schon vor der Geburt des Kindes von seiner Frau getrennt und weiß nur aus Gerichtsunterlagen, dass es ein Sohn ist. Tobias heißt er. Er muss nämlich Unterhalt für ihn zahlen. Das macht er auch. Immer pünktlich, immer vollständig. Vorbildhaft. Keinen Anlass liefert er für Streit oder gar gerichtliche Tätigkeit. Er möchte unter allen Umständen vermeiden, dass seine nunmehrige Familie etwas von seiner Vergangenheit mitbekommt.

Seiner Ehefrau hat er davon nämlich nie etwas erzählt. Von dieser Sache, dieser einen. Sie glaubt, sein Leben hätte bis zu dem Zeitpunkt, als sie sich kennenlernten, nur aus Arbeit bestanden. Er hat erzählt, dass er eine schwierige Kindheit hatte. Sie war voller Verständnis dafür – und hat so dankbar mitbekommen, wie sie ihm offenbar zu heilen half. Und er hat ihr nie einen Anlass dazu gegeben, an seiner Treue, seiner aufrichtigen Liebe zu zweifeln. Mit so viel Zuwendung und Achtsamkeit hat er ihr vergolten, was sie ihm gab: Sinn im Leben.

Vielleicht aber denkt er auch gar nicht mehr an diese eine Sache. Vielleicht ist das für ihn endgültig abgeschlossen Von außen wird er damit jedenfalls nicht mehr konfrontiert. Die Unterhaltszahlungen sind schon vor Jahren ausgelaufen, der Sohn war dann, wie es im Recht heißt, selbsterhaltungsfähig. Er hat keine Ahnung, wie der Sohn aussieht. Ob irgendwelche Gesichtszüge den seinen ähnlich sind. Ob er groß ist, ebenso wie der Vater, und von eher schlaksiger Statur. Ob er auch früh eine Glatze bekommen hat, so wie der Vater, in seinen Dreißigern. Ob er Sport treibt, ganz im Gegensatz zu seinem Vater, der dafür Kette raucht.

Die Ärzte vermuten, es war das viele Rauchen. Regelmäßig drei, manchmal auch vier Packungen Winston täglich. Starker

Tobak im wahrsten Sinne des Wortes, und das über Jahrzehnte. Das ist wirklich viel.

Bei ihm wird Lungenkrebs festgestellt. Jahrelang hat er gehustet, aber sich nichts dabei gedacht. Ihm war natürlich klar, dass das eine Folge des Rauchens war. Seine Frau hat ihn öfter darauf angesprochen, aber er hat das lachend beiseite gewischt: Nein, zu einem Arzt gehe ich nicht, der findet sonst noch etwas!

Nun ist es zu spät. Der Krebs hat metastasiert. Die Ärzte sprechen von einer Lebenserwartung von vielleicht noch drei Monaten bis zu einem halben Jahr. Im eigentlichen Sinn tun kann man gegen den Krebs nichts mehr. Man kann nur mehr die Schmerzen lindern und versuchen, dem Patienten „hinüberzuhelfen". Er wird in der Klinik mit dem Palliativteam bekannt gemacht.

Nun regt sich etwas in ihm. Ist es die Verantwortung, nicht ohne Aufklärung sterben zu wollen? Oder wollte er seine nunmehrige Familie nicht der Gefahr aussetzen, mit seiner ersten Familie so ganz ohne Vorbereitung konfrontiert zu werden? Aus einer tief empfundenen Verantwortung seiner Ehefrau und seinem Sohn gegenüber? Oder ist es das eigene Gewissen, das gegen das jahrelange Verschweigen rebelliert, ist es die Verdrängung, die sich nun Luft macht im Angesicht des Endgültigen?

Jedenfalls bittet er seine Ehefrau ans Krankenbett – und beichtet ihr sein Vorleben. Die weiß nicht, wie sie das aufnehmen soll. Sie macht ihm keine Vorwürfe. Sie kann sich vorstellen, wie belastend es gewesen sein muss, all die Jahre kein Wort davon über die Lippen zu bringen. Und sie will ihn auf gar keinen Fall jetzt beschuldigen, nicht ehrlich mit ihr gewesen zu sein. Das würde er nicht verkraften, jetzt, wo er mit dem Tod ringt.

Sie ist stark, aber auch sie kostet es viel Kraft, die Fassung zu bewahren. Doch sie ist ganz für ihn da und sagt ihm, sie würden das gemeinsam durchstehen. Er verspürt tiefe Dankbarkeit. Nun beginnt er zu erzählen: Von der Frau habe er sich in jungen Jahren, nach ein paar Monaten Beziehung und Ehe, scheiden lassen. Sie wäre so besitzergreifend gewesen und er habe es nicht mehr ausgehalten. Noch vor der Geburt des Kindes hätten sie sich getrennt. Den Sohn, Tobias, kenne er nicht. Es sei wahrscheinlich schon seiner und er habe immer Unterhalt bezahlt.

Und er hätte sich in den letzten Jahren wirklich bemüht, zu ihm Kontakt aufzunehmen. Er ersucht seine Ehefrau, ihm auch das zu vergeben. Auch das hat er ihr nämlich nie gesagt. Er sei sich sicher, sie hätte ihn da unterstützt. Aber er wollte sie damit nicht belasten, sagt er.

Nach Auslaufen der Unterhaltspflicht für den Sohn habe er nichts mehr von seiner ersten Familie gehört. Keine Telefonnummer hätte er gehabt, keine Adresse. Aber über das Meldeamt hätte er die aktuelle Adresse der ehemaligen Ehefrau herausgefunden.

Sie wohne noch immer in der Steiermark. Mehrfach hätte er sie angeschrieben, ob sie sich nicht treffen könnten. Vor allem hätte er darum ersucht, Kontakt zum Sohn herzustellen. Er wäre doch sein Fleisch und Blut.

Doch diese Spur sei kalt geblieben, der Kontakt einseitig. Keine Reaktion, niemals sei irgendetwas zurückgekommen. Und so habe er, was sollte er auch machen, damit abschließen müssen. Er habe sich damit abfinden müssen, dass dieses Kapitel seines Lebens nun endgültig Vergangenheit war und er seinen Sohn niemals kennenlernen würde.

Leider …

So stirbt er. Ein paar Wochen vor seinem Tod hat er noch ganz vorbildlich ein Testament gemacht. Weil er keine Fehler machen wollte, hat er sich an einen Erbrechtsexperten gewendet. Ein Rechtsanwalt, der vorwiegend Familienrecht und Erbrecht betreut, hat ihn im Krankenhaus aufgesucht. Da er nicht mehr selbst schreiben konnte – dazu war er einfach zu schwach –, wurde ein schriftliches Testament vom Rechtsanwalt aufgesetzt und von drei Zeugen, die noch dazu behandelnde Ärzte bzw. Krankenpfleger waren, bekräftigt. Der erfahrene Rechtsanwalt hat weiters die Zeugen ausdrücklich bestätigen lassen, dass auch nach ihrer fachkundigen Wahrnehmung keinerlei Zweifel daran bestand, dass er voll und ganz wusste, was er tat. Und dass er seinen unbeeinflussten Willen auch in Form dieses Testaments gießen wollte.

Der Notar, der als Gerichtskommissär die Verlassenschaft abhandelt, hat daher nicht den geringsten Zweifel an der Gültigkeit des Testaments. Durch Nachfrage im Personenstandsregister sieht er rasch, dass neben den Kindern aus zweiter Ehe noch ein weiterer, nun schon erwachsener Sohn existiert. Er muss daher auch diesen vom Tod des Vaters verständigen.

Die Zusammenkunft der möglichen Erben im Notariat bringt nicht das mit Spannung erwartete Treffen mit dem unbekannten Sohn. Dieser lässt sich nämlich von einer Grazer Rechtsanwältin vertreten. Und die teilt mit, ihr Mandant würde Ansprüche aus dem Titel des Pflichtteils geltend machen, wenn er im Testament nicht als Erbe angeführt wäre oder kein gültiges Testament existiere.

Doch, so der Notar, ein Testament gibt es. Erben sind die Ehefrau und die gemeinsamen Kinder zu je einem Drittel. Der Notar überreicht der Rechtsanwältin eine Kopie. Auch diese geht sofort davon aus, dass es gültig sein dürfte. Hier erfüllt die weise Umsicht des die Testamentserrichtung begleitenden Rechtsanwalts ihren Zweck. Da Ärzte und Krankenpfleger mit eigener Unterschrift bestätigen, dass aus ihrer Sicht kein Zweifel an der Testierfähigkeit des Verfassers besteht, ist jeder Gedanke an Anfechtung des Testaments gleich zerstoben.

Aber es findet sich, für die Rechtsanwältin des Sohnes überraschend, doch ein Passus, der diesen betrifft: „Ich enterbe meinen Sohn aus erster Ehe. Mir ist überhaupt nur aufgrund der gegen mich geführten Unterhaltsverfahren sein Name bekannt. Ich hätte ihn gern kennengelernt, aber er hat das verweigert. Dadurch hat er mich tief verletzt und mich in der Not im Stich gelassen. Für den Fall, dass diese Enterbung rechtsunwirksam sein sollte, beschränke ich meinen Sohn aus erster Ehe auf den halben Pflichtteil. Er hat mir grundlos den Kontakt verweigert, obwohl ich ihn gesucht habe."

Der Notar klärt dazu die Anwesenden auf: Ob ein Grund zur Enterbung besteht, müsste in einem Verfahren geklärt werden. Die vom Sohn beauftragte Rechtsanwältin erkennt sofort, dass diese Enterbung auf äußerst unsicheren Beinen steht. Das Testament behauptet ja nicht, der Sohn hätte den Erblasser am Körper verletzt, bestohlen oder sonst irgendeine Straftat gegen ihn gesetzt, die eine Enterbung rechtfertigen würde. Und dass er ihn in der Not im Stich gelassen hätte, ist auch nur eine Behauptung. In welcher Not? Der Krebs war doch erst kurz zuvor diagnostiziert worden und äußerst aggressiv, wie man nun wusste – wie hätte der Sohn zuvor davon ausgehen sollen, dass es seinem Vater schlecht ginge? Eine Verpflichtung, ihm beizustehen, konnte er dann gar nicht verletzt haben.

Auch diese Frage müsse gerichtlich geklärt werden, so der Notar.

Und so war es dann auch. Der Sohn beanspruchte seinen vollen Pflichtteil. Die letzte Ehefrau und die beiden gemeinsamen Kinder haben den Anspruch nicht anerkannt und waren davon überzeugt, nachweisen zu können, dass die Enterbung berechtigt ausgesprochen wurde. Jedenfalls aber würde die Beschränkung auf den halben Pflichtteil greifen. Kontakte blockiert, steht doch zu lesen.

Der Sohn sieht das anders. Nicht er habe den Kontakt verweigert, sondern der Vater habe diesen nie gesucht. Außerdem: Da wäre höchstens seine Mutter verantwortlich. Die hätte, wenn überhaupt, abgeblockt, aber nicht er selbst. Er habe nicht einmal davon gewusst. Wie denn auch? Weswegen sollte er dann nicht den vollen Pflichtteil bekommen? Das wäre doch ungerecht.

Wir erleben hier eine paradoxe Situation. Die Klammer des Erbrechts führt plötzlich Personen zusammen, die vorher nichts voneinander wussten. Das Erbrecht wirkt also in gewissem Sinne vereinigend – nur um die einmal zusammengeführten Teile wieder zu spalten.

Wenn nämlich keine Einigkeit über die Erbanteile besteht, ja sogar von Enterbung gesprochen wird, muss man sich einem Verfahren stellen. Wir wissen schon: Das Gesetz sieht das so vor. Und das Gesetz weist auch sogenannte Parteirollen zu: Beide Seiten wollen gewinnen, nur eine jedoch kann schlussendlich siegen. Entweder dem Sohn kommt der Pflichtteil zu, wenn auch der halbe – oder gar nichts.

Und ein Verfahren muss, wie hier schön zu sehen ist, Interessen klären, die weit auseinanderliegen. Hier sind sie sogar völlig gegenteilig. Auf dem Recht zu beharren, heißt schließlich, den Ansprüchen des anderen den Boden zu entziehen. Nichts anderes ist ein Gerichtsstreit. Ein Streit um das Recht, besser: um das *bessere* Recht.

Gibt es eine Alternative? Kann eine solche Streitsituation vermieden, die Sache anders gelöst werden?

Ja, das ist möglich. Wenn alle Teile das wollen. Dann tritt man in sachliche Verhandlungen mit der Gegenseite ein und versucht, das Knäuel sachlich zu entwirren.

Ich habe hier mehrfach das entscheidende Zauberwort genannt: *sachlich*. Das heißt: ohne Aufregung. Ohne dem anderen eine Falle stellen zu wollen und vor allem: der Gegenseite ohne Aggression gegenüberzutreten.

Dieser Versuch kann zu jedem Zeitpunkt unternommen werden, auch noch bevor überhaupt ein Rechtsanwalt oder ein

Notar konsultiert wurde. Ob das ratsam ist, sei dahingestellt – für mich ist es immer sinnvoller, sich vor der Aufnahme von Gesprächen mit dem Gegenüber rechtlich zu erkundigen. Ist nämlich einmal ein Rechtsanwalt beauftragt und hat man sich nicht gleich für einen Streit mit harten Bandagen entschieden, so kann immer noch eine außergerichtliche Einigung gesucht werden.

Aber auch Gerichtsverfahren bieten in jedem Verfahrensstadium die Möglichkeit, eine sinnvolle Einigung zu finden. Richter werden regelmäßig in Verhandlungstechniken geschult. Gerade ein erster Verhandlungstermin dient vor allem dazu, Einigungsmöglichkeiten auszuloten.

Ebenfalls bewährt hat sich das Instrument der Mediation. Sie haben sicherlich schon davon gehört: Eine Art Streitschlichter, Mediator genannt, versucht als unparteiischer Vermittler, die wesentlichen Positionen herauszuarbeiten, stellt eine sachliche Gesprächsqualität sicher und kann so dazu beitragen, eine für alle Teile lebbare Lösung zu finden.

Aufgabe Ihres Rechtsanwalts in einem Gerichtsverfahren, ist ein solches einmal eingeleitet, ist es, Ihre rechtlichen Interessen zu vertreten. Der Kollege wird daher in jedem Verfahrensstadium mitteilen, wenn ihm ein sinnvoller Erledigungsvorschlag vor Augen steht. Die letzte Entscheidung treffen natürlich immer Sie. Der Mandant ist es, der den Fortgang des Verfahrens in der Hand hat, der Rechtsanwalt ist nur sein verlängerter Arm.

Parteien in einem Verfahren ist natürlich nicht immer geläufig, was erfahrene Rechtsanwälte wissen: Jedes Gerichtsverfahren entwickelt seine Eigendynamik. Und so wird nicht immer an eine vernünftige Lösung gedacht. Oft passiert es, dass man sich in Verfahren regelrecht verrennt. Und, ich bitte Sie, das ist kein Vorwurf, sondern vielmehr psychologisch nur allzu verständlich. Der Gegensatz Kläger/Beklagter oder Antragsteller/Antragsgegner erfordert es geradezu, die andere Seite als Gegner, manchmal sogar als Feind zu betrachten, dessen Ansprüche es unbedingt zu unterbinden gilt. Von den psychologischen Mechanismen, die hier hineinspielen, haben wir schon zuvor ausführlich gesprochen.

An dieser Stelle ein Tipp: Vertrauen Sie auf Ihren Rechtsanwalt. Vertrauen ist das, was Sie ihm geben können, Kompetenz und Erfahrung ist das, was er ihnen gibt.

Zusammenfassung

Fallbeispiel 4: Die „Handschrift-Falle"

Wir erinnern uns an die zentrale Problematik dieses Falles: Das Testament der Eltern, so gut es durchdacht war, droht ungültig zu sein. Es ist nämlich ein Zwitterwesen: nicht Fisch (nicht zur Gänze handschriftlich verfasst), nicht Fleisch (nicht zulässig von fremder Hand verfasst, weil Testamentszeugen fehlen).

Abgesehen von Ausnahmen, die wir hier nicht behandeln wollen (Erblasser, die sich nicht äußern können, und dergleichen mehr) und die ohnehin im Gesetz geregelt sind, gibt es zwei Varianten von Testamenten, die der Form nach grundsätzlich gültig sind:

1. Ein ***handschriftliches Testament.***[22] Ein solches muss, um gültig zu sein, von vorne bis hinten eigenhändig geschrieben sein. Also beginnend mit der Überschrift „Testament" oder „Letzter Wille" bis zum Abschluss mit dem Datum der Errichtung und der Unterschrift. Alles eigenhändig. Ich wiederhole: Alles von und mit eigener Hand geschrieben. Wird dies nicht eingehalten, so ist das Testament ungültig. Es gibt hierzu in Wahrheit nur eine sinnvolle Alternative:
2. Ein ***fremdhändiges Testament.***[23] Wie der Name schon sagt, ist es von fremder Hand geschrieben. Es kann sein, dass

jemand anderer im Auftrag des Erblassers mit der Hand geschrieben hat. Oder auf dem Computer, vielleicht (wer so etwas noch hat) auf der Schreibmaschine. Entscheidend ist, dass sich unbedingt alle folgenden Merkmale vorfinden – fehlt auch nur eines von diesen, ist das Testament ungültig.

- Unterschrift von zumindest drei Zeugen, die ausdrücklich als solche (*Tipp:* „... als Testamentszeuge“) unterschreiben, wobei es dringend anzuraten ist, auch den vollständigen Namen, das Geburtsdatum und die Adresse anzugeben.
- Diese Zeugen[24] bestätigen, dass der Erblasser, nachdem er das Testament laut vorgelesen hat oder es ihm laut vorgelesen wurde, ausdrücklich bekräftigt hat, es handle sich dabei um seinen letzten Willen.
- Der Erblasser muss dann noch händisch dazuschreiben, dass das sein letzter Wille ist (etwa: „Das ist mein letzter wahrer Wille“).
- Und der Erblasser selbst unterschreibt.
- Ich empfehle auch dringend, dass die Zeugen sich einen Vermerk machen, was für einen Eindruck der Erblasser auf sie gemacht hat. War er geistig gut beisammen – oder gibt es Bedenken, ob er das alles verstanden hat? Natürlich ist niemand gezwungen, als Zeuge zu unterschreiben. Ich selbst würde das niemals machen, wenn ich Bedenken hätte, der Betroffene würde nicht richtig verstehen, was er da tut – oder wenn ich aufgrund gewisser Anhaltspunkte meinte, er wäre dazu genötigt worden. Solche Aufzeichnungen sind jedenfalls sinnvoll, weil es durchaus sein kann – vielleicht auch erst in einigen Jahren –, dass man als Zeuge vor Gericht geladen wird, um darüber zu berichten. Kann man sich dann noch erinnern? Wohl nicht mehr. Aufzeichnungen helfen.

Weiters haben wir den ***Schenkungspflichtteil*** (§§ 782 ff. ABGB)[25] besprochen. Wenn nicht rechtswirksam enterbt wurde und grundsätzlich ein Pflichtteil zusteht (siehe ausführlich im vorangegangenen Teil), dann kommt dieser Schenkungspflichtteil in Betracht. Er wird dann interessant, wenn der Verstorbene noch vor seinem Tod bedeutende Vermögensgegenstände verschenkt hat.

Das Gesetz nimmt hier einige, vor allem sozial übliche, Geschenke aus: zum Geburtstag, zu Weihnachten etwa. Oder Gegenstände „geringen Werts". Aber Klassiker wie etwa die Finanzierung einer teuren Ausbildung im Erwachsenenalter, der Kauf eines Autos, die Übertragung eines Baugrundstücks und erst recht die Übergabe eines Wohnobjekts sind auf jeden Fall zu berücksichtigen.

All das ist mit dem Wert zum Zeitpunkt der Übergabe des Geschenks zu bewerten. Wenn es einen Kaufvertrag (etwa beim Kauf eines Autos) gibt, wird dieser herangezogen. Sonst muss der Wert geschätzt werden, üblicherweise durch Sachverständige.

Bekommt man das Wohnhaus der Eltern überschrieben, sichert man ihnen üblicherweise ein Wohnrecht und Leistungen der Pflege und Betreuung zu. Auch das ist zu berücksichtigen. Muss etwas für die Übergabe gezahlt werden, was sich oft in Verträgen bei landwirtschaftlichen Übergaben findet, gilt das wie ein Kaufpreis. Es handelt sich um eine Gegenleistung, die vom Wert des Geschenks abzuziehen ist. Gleiches gilt für die oben angesprochenen sogenannten Ausgedingsleistungen (Wohnrecht, Pflege und Betreuung). Auch diese sind zu bewerten und abzuziehen.

Ein Rechenbeispiel: Die Übergabe des elterlichen Wohnhauses ist 1986 erfolgt. Der Sachverständige ermittelt den Wert zum damaligen Zeitpunkt mit 400 000 Euro. Der Elternteil ist im Dezember 2024 verstorben. Unter Heranziehung der üblichen Tabellen ergibt das kapitalisiert zu diesem Zeitpunkt einen Wert von 480 000 Euro. Das Wohnrecht des Verstorbenen ist mit 70 000 Euro zu bewerten und abzuziehen.

Die Bemessungsgrundlage für den Schenkungspflichtteil sind daher 410 000 Euro. Noch eine wichtige Anmerkung: Dem beschenkten Eigentümer kommt zugute, dass nicht die zum Teil enorme Wertsteigerung auf dem Immobilienmarkt – bis zuletzt (und wohl noch immer) haben wir uns in einer Blase vorgefunden, die eine regelrechte Explosion der Preisentwicklung bewirkt hat – zu berücksichtigen ist, sondern nur der Wert zum Zeitpunkt des Geschenks, kapitalisiert zum Todeszeitpunkt.

Wenn also nun, um beim Fallbeispiel zu bleiben, vom Vermögen der beim Unfall verstorbenen Eltern der Einfachheit halber zum Todeszeitpunkt nichts mehr vorhanden war, dann gibt es für Sohn und Tochter nichts zu erben. Die Tochter hat aber gegen das Ausgedinge schon lange Jahre vorher die Liegenschaft überschrieben erhalten; und, wenn wir die soeben beispielshaft genannten Zahlen übernehmen, einen Gegenwert von 410 000 Euro bekommen. Ihr Bruder hingegen hat damals die 70 000 Euro von den Eltern entgegengenommen.

Wenn er nicht akzeptiert, dass alles der Schwester verbleibt, sondern seinen Anteil von der Schwester erhalten will, wird ihm noch etwas zustehen. Da es kein gültiges Testament gibt, sind beide Geschwister die gesetzlichen Erben. Beide sind gleichberechtigte Kinder, sie erben jeweils die Hälfte des elterlichen Vermögens.

Da der Pflichtteil immer die Hälfte dieses Anspruchs ist, wäre der Anspruch des Bruders auf Schenkungspflichtteil gegen die Schwester ein Viertel. Zur Berechnungsmethodik siehe § 778 ff. ABGB.[26]

Hätten die Eltern ihr Erbe richtig geregelt, nämlich gemacht, wie es das Gesetz erlaubt, dann wäre die sinnvolle Vorgehensweise gewesen, zunächst einen Erbrechtsprofi aufzusuchen. Dieser hätte darauf hingewiesen, dass ein Notariatsakt erforderlich sei, weil der Sohn auf seinen Schenkungspflichtteil verzichtet. Dann wäre das so ausgearbeitet worden, alle hätten unterschrieben. Und ein Rechtsstreit der Geschwister, der eine Seite vielleicht finanziell schwer belastet und möglicherweise zum Zerbrechen der Familie führt, wäre verhindert worden.

Fallbeispiel 5: Die hinterbliebene Lebensgefährtin, die alles verliert

Hier hat die Ordnungsliebe und Genauigkeit des verstorbenen Jakob die hinterbliebene Lebensgefährtin vor große Probleme gestellt. Diese an sich positiven Charakterzüge haben hier dazu geführt, dass der Testamentsverfasser, weil er die Rückseite des begonnenen Testaments nicht beschreiben wollte, ein weiteres Blatt genommen hat, um es fertigzustellen. Er hat zwar beide Blätter nummeriert, aber nur eines – das letzte – mit Datum versehen und unterschrieben. Und es ist nun nicht eindeutig, ob beide Blätter tatsächlich zusammengehören. ***Ein Testament muss eine eindeutige Einheit sein.***[27] Es könnte theoretisch sein, dass von verschiedenen Testamenten dasjenige genommen wurde, das für jemanden das günstigste zu sein scheint.

In diesem Fall besteht die realistische Gefahr für Karin, dass sie nichts bekommt Als Lebensgefährtin des Verstorbenen steht ihr kein Pflichtteil zu. Das Erbe geht an die Eltern, wenn sie nicht darauf verzichten sollten. Es wird daher auf die Kompetenz des Rechtsanwalts ankommen, ob er es schafft, mit Jakobs Eltern eine sinnvolle, auch für Karin tragbare Lösung zu finden.

Fallbeispiel 6: Der Erbstreit, der eine Familie zusammenführt – und doch spaltet

Der Verstorbene wollte, erinnern wir uns, den Sohn aus erster Ehe enterben. Wir wissen bereits aus den vorangegangenen Ausführungen, dass beabsichtigte ***Enterbungen*** nicht immer greifen. Jedenfalls ist es gut, im Testament so genau wie möglich festzuhalten, aus welchem Grund enterbt werden soll. Inwieweit hat der Enterbte den Erblasser in der Not im Stich gelassen oder ihn wodurch verletzt? Wenn er dafür verurteilt wurde: genau hineinschreiben.

Das Gleiche gilt für die Herabsetzung auf den ***halben Pflichtteil*** (§ 776 ABGB).[28] Das ist dann möglich, wenn derjenige, der beschränkt werden soll, in den letzten langen Jahren jeglichen Kontakt zum Erblasser abgeblockt hat. Es muss wirklich eine lange Zeit sein, nicht bloß für ein paar Jahre. Und wie bei der Enterbung muss auch hier der Erbe, der bei Enterbung alles bekommen würde – in unserem Beispiel: die zweite Ehefrau und die beiden gemeinsamen Kinder – nachweisen, dass die Voraussetzungen dafür gegeben sind. Gelingt es nicht, das Gericht davon zu überzeugen, der Sohn aus erster Ehe hätte den Vater abgeblockt, wird ihm ein Anspruch zustehen.

Info

- Überlegen Sie zunächst genau, was nach dem Tod gelten soll.
- Holen Sie danach unbedingt eine ***kompetente Rechtsberatung*** ein.
- Wollen Sie das Vermögen schon zu Lebzeiten regeln, etwa durch Übergabe, beziehen sie ***alle denkbaren Erben rechtzeitig*** ein.
- Ein ***eigenhändiges*** Testament muss zur Gänze handschriftlich geschrieben und unterschrieben sein.
- Ein ***fremdhändiges*** Testament muss die Unterschrift von drei Testamentszeugen und den Zusatz von Ihnen selbst, dass das Ihren letzten Willen darstellt, und Ihre Unterschrift enthalten.

- Ein Testament muss eine ***Einheit*** sein! Daher unbedingt
  - entweder ein Blatt Papier doppelseitig beschreiben, wenn eine Seite nicht ausreicht, oder
  - bei mehreren Blättern: A3 verwenden (erlaubt in Wahrheit, vier Seiten zu beschreiben, wenn es gefaltet wird) oder zum Notar gehen, der die Blätter fachkundig vernäht und siegelt.
  - Dringend anzuraten ist, jede Seite eines Testaments mit einer Seitenbezeichnung, der Unterschrift und dem Datum zu versehen.
  - Einzige Ausnahme: Notar oder Rechtsanwalt haben das Testament verfasst und sind bei der Unterschriftsleistung dabei.
  - Anführen: „das Testament besteht aus … Seiten".
- Sonst droht die Ungültigkeit des Testaments.
- Wollen Sie jemanden auf den ***halben Pflichtteil*** setzen, gilt (ähnlich der Enterbung): Genau angeben, inwiefern und seit wann der dadurch Beschränkte den Kontakt abgeblockt hat – und auch anführen, wodurch das nachgewiesen werden kann. Zeugen? Eigene Briefe an den Betreffenden, auf die nie geantwortet wurde? Kopien aufheben, Einschreibebestätigungen. Auch das im Testament festhalten.

Konflikte vermeiden bzw. lösen – Strategien für ein faires Erbe

Mein letzter Wille … Das letzte Wort aber haben die Erben

Dieses Kapitel widmet sich einem in der Praxis wichtigen Bereich, der häufig falsch eingeschätzt wird. Nur allzu oft sind Erben, aufgrund eines Testaments oder nach dem Gesetz Berechtigte, der Meinung, Spielball in einem Spiel zu sein, das sie nicht verstehen und noch weniger beeinflussen können.

Mich wundert nicht, dass so manchen der Mut verlässt, wenn in einem gerichtlichen Verfahren eine Vielzahl von Interessen aufeinanderprallen, die alle mit Vehemenz vertreten werden; wenn sich erfahrene Rechtsanwälte gegenübersitzen, die einander mit Entschlossenheit begegnen; wenn der Notar beim Einigungsversuch mit den Achseln zuckt und meint, das werde eine langwierige Auseinandersetzung …

Denn wer ist schon erfahren und auch abgebrüht genug, sich solch einem Verfahren mit Selbstsicherheit zu stellen? Sicherlich, es wird Personen geben, die haben im Berufsleben mit harten Bandagen zu kämpfen. Unternehmer, die sich auf dem Markt erfolgreich behaupten müssen. Eltern, die um die Obsorge und den Unterhalt für ihre Kinder streiten. Glücksritter, die es mit dem Recht nicht so genau nehmen und deswegen oft mit ihm in Konflikt geraten.

Das ist aus meiner Erfahrung aber die deutliche Minderheit. Viel eher sitzen mir in der Kanzlei Menschen gegenüber, die noch nie mit einem Gericht Kontakt hatten und sich den Rechtsanwalt aufgrund einer Empfehlung oder dessen Medien-

bzw. Internetpräsenz ausgesucht haben. Sie wirken dann bisweilen regelrecht verloren, bis ich ihnen in ersten Grundzügen die eigene Situation und die weitere Vorgehensweise erläutere. Dann höre ich förmlich ein deutliches Aufatmen.

Doch auch die empathischste und kompetenteste Rechtsberatung kann nicht alle Ungewissheit nehmen, wie sich der weitere Verlauf Schritt für Schritt gestalten wird. Es gibt natürlich eine grundlegende Struktur. Meldung des Todesfalls an das zuständige Bezirksgericht. Dieses bestellt einen Notar als Gerichtskommissär, damit dieser einmal die nötigen Informationen beschafft, mögliche Erben und pflichtteilsberechtigte Personen ausfindig macht, Vermögenswerte erhebt und eine Einigung versucht. Gibt es diese nicht, wird der Akt ans Gericht weitergeleitet, um die Erbteile zuzuweisen. Wenn nötig, wird dann geklärt, ob das Testament gültig ist. Dann können noch gerichtliche Verfahren wegen Pflichtteilen oder Schenkungspflichtteilen anschließen.

Und doch sind wir mit dem menschlichen Grundproblem konfrontiert, das sich in jeder Situation ergibt, an der mehrere Personen beteiligt sind: Wir können das Verhalten anderer Personen nicht bestimmen. Wir können nicht in den Kopf anderer Menschen hineinsehen und noch weniger deren Entscheidungen veranlassen.

In Hollywood ist das möglich. Im beeindruckenden Epos „Inception“[29] des Regiestars Christopher Nolan – der allgemein als einer der derzeit besten Regisseure angesehen wird und neben der legendären „Batman“-Trilogie mit Christian Bale auch etwa das komplexe „Interstellar“ und nicht zuletzt das mehrfach Oscar-gekrönte „Oppenheimer“ über die Entwicklung der Atombombe und die Gewissensbisse des Entwicklers, der den Protagonisten gibt, verantwortet – findet Leonardo DiCaprio die Lösung. Ein Gedanke wird in das Willenszentrum des Opfers implantiert und bestimmt dessen Entscheidungen im gewünschten Sinne. Eine Filmszene in einer frühen Filmsequenz stellt dies deutlich heraus. Dom Cobb, die oben geschilderte Zentralfigur, fragt die Architektin Ariadne, während er ihr das Konzept der „Inception" erklären will – und sie antwortet, wie der folgende Dialog zeigt:

> „Welches ist der widerstandsfähigste Parasit? Eine Bakterie? Ein Virus?"
>
> „Ein Gedanke. Resistent, hoch ansteckend. Wenn ein Gedanke einen Verstand erst einmal infiziert hat, ist es fast unmöglich, ihn zu entfernen. Ein Gedanke, der voll ausgebildet ist und vollständig verstanden wird. Der bleibt."

Also fremde Gedanken einpflanzen? Wir Menschen, die wir uns hier und jetzt auf der Erde bewegen, können das nicht. Die Psychologie kann das (noch) nicht. So sind wir tatsächlich Akteure in einem Spiel, dessen andere Spielfiguren variabel sind. Wir können einschätzen, wie sie *wahrscheinlich* handeln dürften, und unsere Entscheidungen danach ausrichten. Hier helfen uns Spiel- und Entscheidungstheorie. Aber wir können nicht mit Sicherheit prognostizieren, welcher Zug als nächster folgen wird, geschweige denn den übernächsten verlässlich vorhersehen.

Es macht einen großen Unterschied, ob jemand, dem an sich ein Pflichtteil zusteht, diesen auch geltend macht oder nicht. Ich erlebe das oft: Die Witwe möchte im Haus, das dem Verstorbenen gehört hat, wohnen bleiben. Müsste sie die beiden pflichtteilsberechtigten Kinder auszahlen, müsste sie das Haus wahrscheinlich verkaufen. Aufgrund ihres Alters ist sie nicht mehr kreditwürdig und kann keine Hypothek aufnehmen. Frei kann sie die Zahlungen nicht finanzieren.

Aber die Kinder haben Verständnis. Sie sagen sich: Nach dem Tod der Mutter erben wir ohnehin. Wem sollte sie sonst etwas vermachen? Und sie machen keine Pflichtteile geltend, obwohl ihnen diese zustünden. Die Mutter atmet erleichtert auf. Ihre Wohnmöglichkeit ist gesichert und sie kann in Ruhe leben.

Sie haben recht: Ich kann mit meinem Verhalten schon beeinflussen, wie andere mit der Situation umgehen. Die Entscheidung liegt aber noch immer bei der anderen Person. Und auch wenn Sie jetzt meinen, dann müsse eben entsprechender Druck ausgeübt werden, um den anderen auf Linie zu bringen, bin ich vorsichtig. Bitte tun Sie das nicht! Abgesehen davon, dass das familiäre Bande zerreißen und vielleicht auf Generationen hin einen Familienkonflikt produzieren könnte, was in der Familie sicherlich nicht begrüßt würde, kann ein solcher Schuss kräftig nach hinten losgehen.

Wie wir gesehen haben, sind familiäre Konstellationen einer besonderen Belastung ausgesetzt, wenn eine Person aus diesem Familienverband stirbt. Der Patriarch, der jahrzehntelang über die Familie geboten hat und dessen Wort Gesetz war. Der ist plötzlich nicht mehr da. Was jahrzehntelang verschwiegen wurde, drängt nun an die Oberfläche: die eigene Würde, die sich – da seit Ewigkeiten unterdrückt – nun lautstark zu Wort meldet und wütend dagegen protestiert, dass der vom Patriarchen Auserwählte alles erben soll.

All der Ärger über die vielen kleinen Verletzungen, die der Verstorbene im Laufe seines Lebens anderen zugefügt hat, sucht nun ein Ventil. Also lässt man es seine Witwe spüren, die doch damals immer zu ihm gehalten hat und nie zu den Kindern, die ihre Unterstützung doch viel dringender benötigt hätten.

Die Schwester, die immer das Lieblingskind der Mutter war, die Erstgeborene, der schon vor Jahren das Haus von der Mutter überschrieben wurde. Nie hat sie sich dann aber um sie gekümmert, alles musste die jüngere Schwester übernehmen: die Mutter zu Hause, solange es ging, und dann die 24-Stunden-Pflege organisieren. Sie im Krankenhaus noch regelmäßig besuchen, als es dann schlechter wurde, und ihre Hand halten, als es zu Ende ging. Und wo ist die Schwester all die Jahre geblieben? Das Vermögen hat sie gern entgegengenommen, sich dann aber nicht mehr anschauen lassen. Diese undankbare Person, ihr werde ich es zeigen, das bin ich der Mutter schuldig!

In all diesen Fällen gibt es natürlich Rechte, die Sie wahrnehmen können. Und jeder Experte wird Sie auch genauestens beraten, welche das sind und wie Sie am besten vorgehen sollten. Ich empfehle hier aber, das Wort *Rechte* immer im Blickfeld zu behalten. Erbe, Pflichtteil – das sind Rechte. Rechte sind Ansprüche, die Ihnen das Recht zur Verfügung stellt. Und da das Recht zwischenmenschliche Beziehungen regelt, ist das, was es vorsieht, auch rechtmäßig.

Ich werde mich hier nicht mit der Frage beschäftigen, ob rechtmäßig auch gerecht bedeutet. Geschweige denn fair. Gerechtigkeit ist etwas, das dem Recht vorausgeht; Fairness ist eher ein moralischer Begriff, über den ich mit Ihnen als promovierter Ethiker gern stundenlang diskutieren könnte. Aber mit diesen Begriffen werden Sie, unumwunden gesagt, in einem Gerichtsverfahren nicht durchdringen.

Denn gerichtliche Entscheidungen sprechen Recht. In der Regel will das Recht nicht in die dunkelsten Geheimnisse, die psychologische Beziehungen zwischen uns Menschen bilden, vordringen. Nein, das Recht hat *Fakten* zu beurteilen. Fakten sind das, was von außen wahrgenommen werden kann. Und nur in Ausnahmefällen (etwa in Strafverfahren, wo es auf die Motivation des Täters ankommt) zählen psychologische Faktoren, die doch unser aller Leben bestimmen.

Rechtmäßig ist etwa der Anspruch der beiden Kinder aus dem soeben genannten Beispiel, die ihren Pflichtteil gegen die Mutter geltend machen. Niemand kann ihnen das verwehren. Denn das Recht sieht vor, dass beim Tod des Vaters und einem Testament zugunsten der Mutter dieser zwei Drittel seines Vermögens zustehen. Das restliche Drittel geht an die Kinder, Sohn und Tochter erhalten jeweils ein Sechstel.

Das ist ein berechtigter Anspruch. Er ist nach der Entscheidung des Gesetzgebers, der enge Familienangehörige im Todesfall nicht unberücksichtigt lassen will, auch gerecht. Aber ist dieser Anspruch auch recht und billig, mit anderen Worten: fair?

Das liegt im Auge des Betrachters. Und wie es mit Betrachtungen so ist, hängt es von der jeweils eigenen Lebenssituation ab, wie man das beurteilt. Von den eigenen Erfahrungen, Lebensprägungen, Wertigkeiten.

So wird jemand, der das Leben eher nüchtern sieht und kühl kalkuliert, vermutlich die klare Auffassung vertreten: Den Kindern steht das zu. So ist es auch. Zweifellos. Der Vater hat zwar kein Vermögen, aber immerhin ein Eigenheim geschaffen und davon soll auch der nächsten Generation etwas zukommen. Die Mutter erbt ohnehin den Großteil. So weit, so klar, meinen Sie nicht?

Nein, denn eine andere Gruppe wird protestieren, das wäre nicht fair der Mutter gegenüber. Sie hat gemeinsam mit dem Vater dieses kleine Vermögen aufgebaut. Während er in der Fabrik gearbeitet hat, bis er in Pension gehen konnte, hat sie sich um Haus und Garten gekümmert. Die Kinder großgezogen. Ihn zu Hause betreut und gepflegt, sie ist ihm immer beigestanden. Sie war das Zentrum der Familie. Und nun soll sie Gefahr laufen, das Haus, ihr Ein und Alles, zu verlieren? Nein, das wäre nicht im Sinne des Vaters. Und noch weniger im Sinne der Mutter.

Wer hat nun recht? Nun, recht hat Variante eins. Die entspricht nämlich dem Recht. Aber auch der zweite Standpunkt ist berechtigt. Nur eben nicht nach den Begriffen des Rechts, sondern nach einem anderen Verständnis. Einem Verständnis, das Familienzusammenhalt, Dankbarkeit gegenüber den Eltern und das Bemühen, diesen einen sorgenfreien Lebensabend zu ermöglichen, über das Recht stellt. Das ist nobel, zweifellos. Aber es ist eben nicht das, was das Recht vorsieht. Und das zählt, wenn sich die Hinterbliebenen nicht einig werden sollten.

Ich will ein wichtiges Stichwort übernehmen, das im letzten Satz gefallen ist, und es nutzen, um das Spielfeld, auf dem wir uns bewegen, abzustecken: „… nicht *einig* werden sollten".

Einig. Eine Einigung. Oft ist zu hören, eine Einigung wäre jeder gerichtlichen Entscheidung vorzuziehen. Spätestens bei der ersten Verhandlung eines Rechtsstreits wird das der Richter ansprechen. Er muss das auch, das ist im Gesetz so vorgesehen. Gerichtliche Verfahren beginnen immer mit einem sogenannten Vergleichsversuch. Hier lotet das Gericht aus, ob eine Einigung in Reichweite liegt. Und wenn nicht, ob weitere Schritte in diese Richtung, etwa durch eine Mediation, Sinn machen.

Denn zweierlei ist klar: Erstens kann eine Einigung einen weiteren, vielleicht aufwendigen und finanziell herausfordernden Prozess verhindern. Und zweitens ermöglicht sie in den allermeisten Fällen, dass beide Teile mit erhobenem Haupt aus dem Verhandlungssaal hinausgehen. Das kann die Grundlage dafür sein, sich auch im weiteren Lebensverlauf nicht mit Groll zu begegnen. Muss ein Gerichtsverfahren geführt werden, ist das leider oft anders. Dann ballt sich allein beim Gedanken an den Prozessgegner die Faust in der Manteltasche. Solche Vorbehalte bestehen dann oft ein Leben lang und werden manchmal noch in folgende Generationen weitergetragen.

Eine Einigung macht daher grundsätzlich Sinn. Deswegen sind hier im Bereich von Erbschaften auch drei Schwellen eingezogen: zwei feststehende und eine fließende. Zunächst hat der Notar als Gerichtskommissär diese Möglichkeit anzusprechen. Kommt es zu keiner Verständigung, wird das Gericht einen Vergleichsversuch unternehmen. Und wenn auch dieser scheitert, sind wir noch nicht am Ende aller möglichen Einigung angelangt. Auch im weiteren Verfahren wird das Gericht, wenn ein Vergleich sinnvoll erscheint, das klar ansprechen – und nicht zuletzt wird Ihr Rechtsvertreter, der den Überblick hat und aus seiner Erfahrung weiß, wann sich eine solche Möglichkeit bietet, das mit Ihnen erörtern.

Eine Einigung um jeden Preis wird selten in Ihrem Sinne sein. Es gibt Menschen, die wollen nicht streiten, die können nicht streiten. Die verzichten lieber auf alle noch so klaren Ansprüche, um sich nicht dieser Situation aussetzen zu müssen. Und das ist auch in Ordnung. Wer gut damit leben kann, soll das tun. Niemand hat das Recht, sich über die Willensfreiheit erwachsener und mündiger Personen zu stellen.

Aber Ihr Rechtsanwalt muss sicherstellen, dass Sie tatsächlich voll und ganz über Ihre Rechte informiert sind. Wenn Sie verzichten, müssen Sie zumindest informiert verzichten. Denn stellen sie sich vor: Sie geben vielleicht einer spontanen Laune nach, schlagen eine bedeutende Erbschaft aus – was der größte Fehler Ihres Lebens war. Hätten Sie doch nur gewusst, wie einfach sie zu dieser gekommen wären, hätten Sie nur auf Ihrem Recht bestanden!

Wir sehen nochmals: Erben hat sehr viel mit Psychologie zu tun und ist beileibe nicht bloß ein Anwendungsbereich des Rechts. Auch wenn eine Einigung immer gewisse Vorteile hat, bestehen manchmal auch Nachteile. Und Sie, ich wiederhole: SIE – und sonst niemand – haben letzten Endes darüber zu befinden, welche Entscheidung die für Sie richtige ist.

Wann ist nun eine Einigung sinnvoll? Ich muss vorausschicken, dass das unmöglich über einen Kamm zu scheren ist. Es gibt so viele Möglichkeiten, wie sich der jeweilige Fall gestaltet. Kein Fall gleicht dem anderen. Die rechtlichen Ausgangslagen mögen oft ähnlich sein, die psychologischen Momente aber sind oft unterschiedlich. Auch wenn jede Aussicht auf ein Erbe mit dem Gefühl der Hoffnung, dem Bewusstsein der eigenen

Würde, dem Wunsch nach Gerechtigkeit verbunden ist, sind die psychologischen Antriebe, die Sie zu Ihrer Entscheidung führen, niemals die exakt gleichen.

Menschen, die besonderen Wert auf die Familie legen und in Generationen denken, werden ein und dieselbe Situation anders handhaben als solche, die in diesem Leben gut leben wollen und hinter denen die Sintflut kommen soll.

Aber es gibt immer wieder dieselben „Klassiker", über die ich in meiner Kanzlei mit Mandanten rede, die sich in Notariatskanzleien ergeben und vor Gericht verhandelt werden:

1. Jemand aus dem Familienkreis, normalerweise der Ehepartner oder ein Kind, vielleicht auch Letzteres gemeinsam mit dessen Lebensgefährten oder Ehepartner, bekommt vom nun Verstorbenen zu Lebzeiten die Liegenschaft, Landwirtschaft, Wohnung oder dergleichen übertragen. Pflichtteilsberechtigte beanspruchen ihr Recht.
2. Die Bevorzugung eines dieser Hinterbliebenen wird durch Testament ausgesprochen. Pflichtteilsberechtigte wollen auch hier ihren Anteil.
3. Jemand wird enterbt. Ist das zu Recht erfolgt?
4. Der Erblasser setzt ein Kind auf den halben Pflichtteil. Es hätte in den letzten Jahren und Jahrzehnten den Kontakt zu ihm abgeblockt, obwohl er sich den gewünscht hätte. Berechtigt?

Wir betrachten diese typischen Fallkonstellationen vom Standpunkt der Hinterbliebenen aus. Wer steht mit wem in welchem Verhältnis? Wie ist vor allem das Verhältnis zum Erblasser gestaltet? Bestehen Ansprüche als Person?

Wir können typische Strukturen aber auch nach einem formalen, die Durchsetzung betreffenden Themenkreis zusammenfassen:

1. Wie viel Vermögen ist tatsächlich vorhanden, zahlt sich die Durchsetzung aus? Oder geht es nur um geringe Beträge, droht mein Aufwand bald das strittige Gut zu übersteigen?
2. Kann die Sache bald gerichtlich geklärt werden oder droht eine jahrelange Auseinandersetzung?
3. Wie sieht die Beweissituation aus? Kann ich realistischerweise davon ausgehen, dass ich am Schluss gewinne? Oder ist das viel zu unsicher?

Und vor allem ein mentaler Aspekt ist entscheidend, an dem es liegen wird, ob wir Rechte verfolgen: Will ich mir das antun oder, mit anderen Worten: Will ich in Kauf nehmen, mich mit meiner Familie zu entzweien, mit ihr den Streit suchen, will ich Zeit, Geld und Lebensenergie in dieses Ringen mit ihr stecken?

Auch wir Juristen sind Menschen. Ich weiß, manche von Ihnen meinen, wir wären … nun, etwas speziell. Seit Jahren und Jahrzehnten mit Scharfblick auf das Recht gepolt, alles andere würden wir ausklammern. Ich will ehrlich sein: Ja, die Tätigkeit als Jurist lehrt eine gewisse Scheuklappenmentalität. Aber auch wir Juristen wissen, dass der rechtlich wertende Blick nur ein Ausschnitt des Gesamtbilds ist.

Unsere primäre Aufgabe ist es, Ihre rechtlichen Interessen zu vertreten. Dafür sind wir ausgebildet, in diesem Bereich sind wir unbestritten Profis. Mit Entschlossenheit holen wir für Sie die sprichwörtlichen Kohlen aus dem Feuer. Und wenn Sie einmal die Entscheidung getroffen haben, Ihre Rechte in Anspruch zu nehmen, stehen wir an Ihrer Seite.

Die Entscheidung, ein Gerichtsverfahren aufzunehmen, ist aber so gut wie niemals eine rein rechtliche. Wir wissen aus der Psychologie, was auch die alltägliche Erfahrung bestätigt: Entscheidungen treffen wir nur selten mit dem Kopf, viel eher erfolgen sie aus dem Bauch. Ich habe das zuvor schon einmal angesprochen: Wir sind ein System aus Leib und Seele bzw. Körper und Geist. Im Geist sitzt unser Verstand, im Körper unser Fühlen. Während man früher dachte, Leib und Seele wären getrennt (der berühmte Dualismus nach René Descartes), kommt die gegenwärtige analytische Philosophie immer stärker zur Einsicht, dass ein Teil ohne den anderen nicht funktionieren würde. Wir arbeiten als System. Was war vorher: die Henne oder das Ei? Eine Frage, die wir nicht beantworten können.

Und doch legt uns die Wissenschaft nahe, dass es die Henne war, um im Bild zu bleiben. Der Leib, der Körper. Benjamin Libet, ein US-amerikanischer Neurowissenschaftler, hat vor nun fast schon 50 Jahren in einem Experiment, das seither seinen Namen trägt,[30] herausgefunden, dass wir alle einer Illusion unterliegen. Wir meinen, den freien Willen zu haben. Wir sind davon überzeugt, uns gut zu überlegen, was wir wollen, und dann selbst auf dieser Basis zu entscheiden. Doch sein Experiment zeigt, dass der Wille eher eine vom Gehirn erzeugte Empfindung als eine unabhängige, von uns beherrschte Instanz ist.

Der Versuchsaufbau war einfach: Der Versuchsteilnehmer sollte eine Bewegung ausführen, während gleichzeitig die in seinem Gehirn angebrachten Elektroden die Hirnströme gemessen haben. Das Ergebnis war verblüffend: Das sogenannte Bereitschaftspotenzial im Gehirn, messbar durch das EEG, war schon Hunderte Millisekunden vor Bewusstwerden der Handlung vorhanden.

Das klingt etwas technisch und ist es auch. Worauf ich, etwas einfacher ausgedrückt, hinaus will, ist, dass wir schon lange Zeit, bevor wir uns eine Entscheidung bewusst gemacht haben, im Körper dazu bereit sind, die entsprechenden Befehle zu geben Deutlich vor Ausführung der Bewegung und vor dem Zeitpunkt, zu dem ich denke, ich treffe jetzt die Entscheidung, den Zeigefinger meiner rechten Hand zu bewegen, ist genau der schon zur Bewegung bereit.

Unverständlich, nicht? Das steht so klar in Widerspruch zu unseren alltäglichen Annahmen, dass wir es kaum fassen können. Der freie Wille – eine Illusion? Doch muss ich etwas die Spannung herausnehmen: Nein, dieser Schluss wäre überzogen. Denn wir wissen ganz einfach nicht, wie wir funktionieren.

Es ist eine alte Streitfrage, ob das, was in uns geschieht, überhaupt gemessen werden kann. Eine Streitfrage, die sich über mehrere Disziplinen erstreckt. Während die Neurowissenschaften, die sich mit den körperlichen Vorgängen befassen und das Denken, Fühlen, das Treffen von Entscheidungen nachvollziehen wollen, davon überzeugt sind, es erklären zu können, bestreitet das die Philosophie. Was für die Naturwissenschaften klar nachvollziehbar auf der Hand liegt, ist für die Geisteswissenschaften ein nicht nachvollziehbares Phänomen.

So spricht die Neurobiologie davon, dass gewisse Gehirnströme gleichzeitig mit dem Fassen von Gedanken oder dem Empfinden von Gefühlen einhergehen. Das funktioniert nach dem Schema: Wenn ich an gutes Essen denke, dann wird genau dieser Gehirnbereich aktiviert und ist über EEG zu messen; wenn ich an ein besonders gutes Essen, etwa meine Lieblingsspeise Moussaka, denke, ist der gemessene Ausschlag besonders stark.

Moment mal, sagt hier die *Philosophy of Mind*. Nur weil etwas gleichzeitig abläuft, muss das eine mit dem anderen nichts zu tun haben. Solange wir nicht wissen, was Gedanken genau sind, wie wir sie beschreiben und verstehen können, macht es keinen Sinn, sich das Hirn zu zermartern. Wir haben eine Ahnung davon, wie sich unsere Geistesvorgänge beschreiben lassen. Aber wir haben noch immer kein klares Konzept, wie wir funktionieren.

Reichlich theoretisch? Ja, sie sind anspruchsvoll, die letzten Fragen. Aber ich denke, wir können festhalten, ohne uns allzu weit in der Tiefe dieser schwierigen Abgrenzungen zu verlieren: Wir wissen nicht, ob wir einen freien Willen haben. Aber wir müssen so leben, als wäre das der Fall. Denn was wäre das für ein Leben, wenn alles vorherbestimmt wäre und wir nur eine Feder im Wind des Unabänderlichen wären?

Wir müssen daher akzeptieren, dass es zumindest die Illusion des freien Willens gibt. Und wir müssen akzeptieren, dass es uns nicht möglich ist, verlässlich zu wissen, was in einer anderen Person vorgeht und wie diese sich entscheiden wird. Was wir zu sehen bekommen, ist ein Ausschnitt: Was uns eine andere Person zu sehen gibt, ist nur die Oberfläche. Wir können, wenn jemand besonders aufgeregt ist, Emotionen wahrnehmen. Wir hören an der zittrigen Stimme, dass jemand mit sich ringt. Wir interpretieren die tonlose Stimme als verächtlich oder gar hasserfüllt. Ein breites, authentisches Lächeln auf dem Gesicht verstehen wir als optimistisch.

Es ist nur die Oberfläche, aber diese erlaubt uns einen Blick in das Innere unseres Gegenübers. Genau deswegen empfehle ich allen meinen Mandanten mit wenigen Ausnahmen, bei denen etwas Bestimmtes erreicht werden soll, immer und unter allen Umständen ein Pokerface aufzusetzen. Niemand, ich wiederhole: niemand, schon gar nicht die Gegenseite, soll aus Gestik oder Mimik ablesen können, was im Inneren abgeht.

Denn all das gibt der gegenübersitzenden Seite eine Entscheidungshilfe an die Hand. An meiner Reaktion kann ein Profi sofort ablesen, wie ich mit gewissen Situationen, Argumenten, Aussichten umgehe. Das kann ungeheuer wertvoll für den sein, der das zu lesen versteht.

Wer eigentlich nicht streiten will, sondern am liebsten alles hinwerfen würde, auch wenn er damit auf wesentliche Rechte verzichtet, sitzt üblicherweise resigniert da. Was wirkt, als könnte einen nichts erschüttern, ist oft Ausdruck der Hilflosigkeit. Und den kann der Profi verwenden. Ganz anders wiederum werde ich meinen Mandanten beraten, wenn es das Gegenüber kaum auf dem Sitz hält, wenn der Gegner immer dann, wenn ein Wort (oft bezogen auf eine bestimmte Person) fällt, sich nur schwer unter Kontrolle hält und unmittelbar zu explodieren droht.

Das Beherrschen dieser Klaviatur ist enorm hilfreich.

Ausdrücklich aber gilt das nicht für eigene Befragungen vor Gericht. Hier empfiehlt sich kein Pokerface, das wirkt nämlich unauthentisch. Das sieht dann oft viel zu aufgesetzt aus, eingelernt. Hier ist es durchaus angebracht, auch Emotionen zu zeigen, wenn das der Sache angemessen ist. Das unterstreicht das Gesagte und macht es glaubwürdig.

Doch wir wollen noch einen Schritt zurückgehen. Halten wir also nochmals fest: Entscheidungen werden kaum jemals mit dem Kopf allein getroffen, sondern viel häufiger im System, das ganz wesentlich vom Fühlen, dem sprichwörtlichen Bauch, bestimmt wird.

Wie sollen wir nun damit gerade im Erbfall umgehen? Was sagt uns das für das Thema Erben und Vererben? Nun, ganz Wesentliches, wie ich meine.

Wir haben zuerst gefragt, wann es Sinn machen kann, sich zu einigen, und wann man doch lieber streiten sollte. Knüpfen wir dort an. Auf den Punkt gebracht: Streiten lohnt sich grundsätzlich immer dann, wenn das für Sie stimmig ist. Eine Einigung, mit der Sie später nicht leben können, wird mehr schaden, als sie nützt. Umgekehrt gilt natürlich: Wenn die gesamte Lebensqualität, vielleicht sogar die Gesundheit und das Nervengerüst, die finanzielle Freiheit und die eigene Würde auf der Strecke bleiben, weil man sich justament in einen Prozessstandpunkt verbeißt und trotz nachdrücklichen Ratschlags der eigenen Rechtsvertretung keinen Schritt auf die Gegenseite zugehen kann, tut man sich auch keinen Gefallen.

Um es nochmals klarzustellen: Entscheidungsträger in einem Verfahren sind SIE.

Das ist die Macht der Partei, wie es im Amtsdeutsch heißt, das ist Ihre Macht. Und so haben Sie es auch in der Hand, das Verfahren jederzeit zu beenden. Sie können ohne weitere Begründung immer eine eingebrachte Klage zurückziehen oder anerkennen. Sie können immer einen Vergleich anbieten oder annehmen. Die berüchtigte Eigendynamik, die ein einmal eingeleitetes Verfahren immer entwickeln kann, gibt es zweifellos; Ihre Bestimmungsmacht darüber, wie weit das eskaliert, kann Ihnen aber niemand nehmen.

Die Antwort auf die Frage, womit Sie in Zukunft am ehesten leben können, ist ein wichtiger Faktor für die Entscheidung, ob Sie sich auf ein Verfahren einlassen wollen oder nicht. Ein weiterer wichtiger Faktor sind Ihre aktuellen und absehbaren Ressourcen.

Können Sie sich ein Verfahren leisten? Haben Sie eine Rechtsschutzversicherung, die die Kosten vielleicht deckt? Haben Sie die Kraft und Motivation, ein Verfahren auch durchzuziehen? Haben Sie den Rechtsvertreter gefunden, dem Sie vertrauen und auf den Sie sich verlassen können? Vertrauen Sie darauf, dass Personen, die als Zeugen vor Gericht befragt werden sollen, die Wahrheit sagen werden? Wie ist insgesamt die Beweislage?

Das sind mit Sicherheit keine unwesentlichen Fragen, sondern ganz zentrale, die auch eine wesentliche Rolle spielen werden.

Eines muss ich in aller Deutlichkeit sagen: Bitte lagern Sie diese Entscheidungsmacht niemals an eine andere Stelle aus. Niemand kann und soll für Sie entscheiden. Nicht die Eltern, kein Familienrat, nicht der Ehepartner, auch nicht der Anwalt. Letzterer wird Sie beraten, über aktuelle wie langfristige Konsequenzen. Aber Entscheidungen, die Sie treffen, müssen unter allen Umständen für Sie stimmig sein. Es muss sich für Sie und nur für Sie allein so anfühlen, dass Sie sich sagen können, dass es so in Ordnung ist. Wenn sich hier ein innerer Widerwille ausbildet und Sie spüren, dass das für Sie so nicht geht, dann sollten Sie dieser Stimme auch Gehör schenken.

Nun wollen wir uns mit einem weiteren Fallbeispiel befassen.

Fallbeispiel 7: Das Millionenerbe, von dem nichts zu bleiben droht

Helene Margarethe Viola S. Millionärin. Wohnt in der Wiener Innenstadt. Entstammt einem alten böhmischen Adelsgeschlecht, verwandtschaftliche Verbindungen reichen sogar in verschiedene Königshäuser.

Sie spricht fließend Tschechisch, Slowakisch und Ungarisch. Auch in Englisch und Französisch kann sie sich gut ausdrücken, Italienisch versteht sie.

Sie hat lange im diplomatischen Dienst gearbeitet. Ihre Erziehung, die Privatstunden zu Hause ermöglichte, hat dafür den Grundstein gelegt. Sie wurde von ihren weltoffenen Eltern bewusst kosmopolitisch in die Welt eingeführt, wobei diese besonderen Wert darauf legten, dass sie neben Sprachen, einer guten Allgemeinbildung mit Schwerpunkt auf Geschichte und Philosophie und einer gesunden Lebensweise auch in die Kunst der Etikette eingeführt wurde. Die Schienen für eine diplomatische Laufbahn wurden also schon in früher Kindheit gelegt.

Im Zuge ihrer Ausbildung hat sie bei einem Auslandsaufenthalt in Paris ihren späteren Ehemann kennengelernt. Auch er war für den diplomatischen Dienst vorgesehen, kam aus reichem spanischen Hause. Verliebt. Verlobt. Verheiratet.

Der gemeinsame Wohnsitz blieb Wien. Lena, wie sie von ihrem geliebten Ehemann genannt wurde, Lenchen, so nannten sie die Eltern, Lini, so ihre Freunde, schloss dort die Ausbildung ab. Ihr Ehemann begann bei den Vereinten Nationen in Wien zu arbeiten. Auch wenn es Helene immer wieder beruflich in die Ferne zog (mit Stationen in Südamerika und Asien), war der gemeinsame Lebensmittelpunkt doch immer Wien.

Die Ehe war glücklich. Schon im fortgeschrittenen Alter, beide waren Ende 40, wurde der gemeinsame Sohn geboren. Doch er entschied sich, so ganz gegen die Vorstellung seiner Eltern, gegen den diplomatischen Dienst. Sie hätten ihn gern in Fortführung der gemeinsamen Familientradition dort gesehen. Er aber war ein Freigeist. Er entschloss sich, an der Filmakademie Wien zu studieren. Da er selbst für sich aufkommen und seine Freiheit leben wollte, nicht abhängig von elterlichen Zuwendungen, beanspruchte er auch nach der Volljährigkeit keinerlei Unterhaltszahlungen mehr. Er finanzierte sein Studium mehr schlecht als recht durch Statistenrollen beim Theater oder als Portier, der die Eintrittskarten abriss oder die Plätze zuwies.

Helene und ihr Mann waren geschickt, was die Vermögensanlage betraf. Beide hatten ein mehr als angemessenes Einkommen und sie konnten das Vermögen, das sie jeweils geerbt hatten, noch deutlich vermehren. Prunkvoller Wohnsitz war schließlich eine Jugendstilvilla in einer begehrten Wiener Gegend. Diese war von einem schönen Park umgeben, der von einem ganzen Gärtnerteam liebevoll betreut wurde.

Der Ehemann konnte diese Idylle aber nur kurz genießen. Wenige Monate nach seiner Versetzung in den Ruhestand erlag er einem Schlaganfall. Zunächst war er ein paar Tage bettlägerig; als dann der zweite Schlaganfall nachfolgte, verstarb er kurz darauf.

Unsere Witwe lebte ihr restliches Leben in zunehmender Verbitterung. Wo war die Verwandtschaft, wo waren sie, die alten Freunde, wo waren die jetzt? Einsam fand sie sich zurückgelassen. In diesem Traumhaus, natürlich, aber was war das wert, so einsam und allein, wie sie war? Ihr einziger Kontakt zu anderen Menschen waren die Krankenpflegerinnen, die sich, drei an der Zahl, abwechselten. Aber die konnten nicht gut Deutsch. Und Helene konnte kein Bulgarisch, die Muttersprache zweier von ihnen, die dritte war Rumänin. Mit der konnte sie sich einigermaßen verständigen, weil Helene die mit dem Rumänischen verwandte Sprache Italienisch beherrschte. Das war aber tatsächlich – mit Ausnahme von Besuchen des Arztes, der wöchentlich zu ihr kam – der einzige Kontakt, mit dem sie auch kommunizieren konnte.

Bei der Verwandtschaft konnte sie das noch verstehen. Der Kontakt zum Sohn war weitgehend abgerissen. Er führte sein eigenes Leben. Sie bedauerte das sehr und sah auch ein, dass ihr Ehemann und sie versucht hatten, ihn in eine gewisse Richtung zu drängen. Nun war er erwachsen. Er hatte das Recht auf eigene Wünsche, Bedürfnisse, Träume und er hatte auch das Recht, diese zu leben. Sie hätte sich gern bei ihm entschuldigt und sich mit ihm ausgesöhnt. Aber sie wusste nicht einmal, wie sie ihn erreichen sollte. Es hätte ihr viel bedeutet, hätte sie sich manchmal mit ihm austauschen können.

Unmögliche, undankbare Kretins!, fluchte sie aber oft innerlich. Wen meinte sie? Wir wissen schon, die Familie war extrem wohlhabend. Und ihr Mann und sie waren auch immer gesellig gewesen. Mit ihren vielen internationalen Kontakten war der Bekanntenkreis bunt und vielschichtig. Und da beide alles andere denn verschlossen waren, sondern anderen vielmehr immer offen und freundlich entgegengetreten waren und weil ihr zwischenmenschlicher Kontakt herzlich und vertrauenswürdig war, wuchs der Bekanntenkreis stetig.

Und beide waren auch nicht geizig. Niemals gewesen. Sie schöpften mit vollen Händen aus dem reichen Fundus ihres Vermögens. Natürlich, die ersten Lebensjahrzehnte waren gekennzeichnet von Ehrgeiz. Sie wollten sich beruflich hocharbeiten. Aber mit 55, 60 Jahren – war es das noch wert? Sich rund um die Uhr abzuarbeiten, nur an Vermögensanlage und

Vermögenssicherung zu denken – wo doch die eigene Zahl an verbleibenden Lebensjahren endlich war und der Sohn sich abgewendet hatte, um ein freies, von ihnen richtiggehend befreites Leben zu leben? Für wen also sparen?

So war bald in der ganzen Stadt und darüber hinaus bekannt, dass sich eine Freundschaft zu diesem Ehepaar lohnte. Sie bedachten Freunde und Bekannte großzügig mit Geschenken. Und das Vermögen, das sie ererbt hatten und im Laufe der Berufsjahre noch mehren konnten, schwand zusehends.

Wo waren sie alle? Würde sich irgendwer um sie kümmern? Das fragte sich unsere Helene. Und es tat offenkundig niemand. Niemand meldete sich bei ihr, niemand fragte nach, wie es ihr denn ginge. Nicht einmal telefonisch rührte man sich bei ihr.

Sie war stolz. Sie war zu stolz. Zu stolz, um selbst auf ihre (ehemalige?) Clique zuzugehen. Nein, sollen *die* sich doch melden. Was hatte sie denen nicht alles geschenkt, was ihnen ermöglicht! Die sollen sich melden! Wenn schon nicht aus Dankbarkeit, dann wenigstens aus Ehrgefühl. Hätten sie noch einen Funken Anstand im Leibe, sie würden sie doch nicht derart vermodern lassen.

Anstand ist der modernen Welt nun offenbar fremd geworden. Helene war keiner mehr vergönnt. Sie starb, einsam und verbittert, den Herztod. Ihre Pflegerinnen sagten, sie wäre an gebrochenem Herzen gestorben. Der Arzt, der den Todeseintritt feststellte, hielt es nüchterner. AMI, Akuter Myokardinfarkt, schrieb er.

Ein Notariat in der Wiener Innenstadt. Die Bürde der Verantwortung lastet nun schon jahrhundertelang auf diesem Gebäude, das schon mehrere Generationen von Notaren beherbergt hat. Ein kalter Wintertag. Der erste Schnee liegt schon zurück, das alljährliche Verkehrschaos auf den Wiener Straßen ist abgeebbt. Wien, die nach vielen Rankings bestverwaltete Großstadt der

Welt, geht ihrer Wege. Die U-Bahnen fahren pünktlich, die Straßen sind bald wieder von frischem Schnee geräumt. So findet sich denn auch unser Protagonist pünktlich in der Kanzlei ein.

„Danke für Ihr pünktliches Erscheinen", begrüßt ihn der Notar mit einem Händedruck. Er bittet ihn ins Besprechungszimmer. Ein beeindruckendes Deckenfresko schaut auf die beiden herab.

„Dem Standesregister habe ich entnommen, dass Sie der leibliche Sohn der Helene Margarethe Viola S., geboren am [...], sind. Ist das richtig?" Der Angesprochene nickt.

„Nun, nach all dem, was ich hier vor mir habe" – der Gerichtskommissär zeigt auf verschiedene Ausdrucke, die vor ihm auf dem Tisch liegen –, „sind Sie die einzige Person, die als Erbe nach Ihrer verstorbenen Mutter in Betracht kommt. Oder gibt es noch andere Geschwister?" Der Sohn verneint.

„Gut. Ich habe schon Erkundigungen eingeholt. Ihre Mutter hat zuletzt in einem beeindruckenden Haus gewohnt, einer Villa in bester Lage." Der Sohn zuckt mit den Achseln und entgegnet, er hätte schon mehr als zehn Jahre keinen Kontakt mehr zu den Eltern gehabt.

„Ich verstehe. Aber trotzdem wären Sie der Alleinerbe. Weitere Geschwister gibt es nicht, der Ehemann ist schon vorverstorben und andere Verwandte wie Nichten und Neffen kommen nicht in Betracht, weil es ja einen Sohn – Sie – gibt." Der Sohn versteht.

„Wissen Sie, ich hatte in den letzten Jahren kein besonders gutes Verhältnis zu meinen Eltern. Ich war auch nicht beim Begräbnis des Vaters. Das hat alles die Mutter organisiert, ich habe nicht einmal eine Anzeige bekommen. Ich wollte auch nichts mehr von ihnen. Ich wollte ganz einfach mein Leben führen. Und sie wollten das nicht verstehen."

Der Notar nickt wissend, als ihm das der Sohn erzählt. Nicht selten bekommt er so etwas zu hören. Meistens in Zusammenhang mit einem Testament: Da werden die Kinder entweder enterbt oder auf den halben Pflichtteil gesetzt. Das ist aber in diesem Fall nicht so.

„Es gibt jedenfalls kein Testament. Im Testamentsregister war keines abzurufen. Und auch die Pflegerinnen, die die Mutter zuletzt betreut haben, wissen nichts von einem solchen. Ist Ihnen eines bekannt?“ Der Sohn verneint.

„Dann gilt die sogenannte gesetzliche Erbfolge. Sie sind Alleinerbe.“ Nun klart sich das Gesicht des Sohnes auf – er denkt an die Worte des Notars, die Mutter habe zuletzt in einem beeindruckenden Haus, einer Villa in bester Lage, gewohnt. Bis soeben hat er davon nichts gewusst, weil er keinen Kontakt mehr zu den Eltern haben wollte. Auch das letzte Haus war viel wert gewesen, als Villa hätte man es aber nicht bezeichnen können. Er würde also ein bedeutendes Vermögen erben.

„Nur muss ich Sie wahrheitsgemäß aufklären“ – der Notar dämpft seine Stimme und betont jede Silbe –, „dass der Nachlass sehr bescheiden ist.“ Der Sohn fokussiert seinen Blick auf ein Detail hinter dem Notar, eine Büste, die ihn anzulächeln scheint, und ist nun ganz gespannt. Die Spannung steigt, als der Notar fortfährt: „Ja, wir haben nur ein paar Sparbücher, mehrere Konten und eine Lebensversicherung. Das kommt alles zusammen auf vielleicht 50 000 Euro mehr oder weniger. Das ist nicht wenig, aber vom ganzen Vermögen, das einmal da war“, nun blickt der Notar mitleidsvoll auf sein Gegenüber, „ist sonst nichts mehr da.“

„Aber – wo … wohin ist das alles gegangen?“, stottert es aus dem Sohn heraus. Der Notar zeigt dem Sohn einige Ausdrucke, erklärte ihm, dass das Grundbuchsauszüge sind, und erläutert: „Verschenkt haben sie alles! Wirklich alles! Das war ein enormes Vermögen. Wir reden hier von hohen siebenstelligen Beträgen.“ – „Siebenstellig?“ – „Ja, siebenstellig. Zumindest einstellige Millionenbeträge, wenn nicht mehr.“

„Und was soll ich jetzt machen? Ist das alles weg?" Ein verständlicher Gedanke des Sohnes, der sich noch vor zwei Minuten überlegt hat, ob er das Erbe überhaupt annimmt.

„Nein, das muss nicht alles weg sein. Aber der Weg, um an das Geld zu kommen, kann ein mühsamer sein." Der Notar erklärt dem Sohn, dass in Österreich der Schenkungspflichtteil gesetzlich klar geregelt ist. Der Sohn versteht: Es sind nur Schenkungen der Verstorbenen zu berücksichtigen, die in den letzten beiden Jahren vor dem Tod erfolgten, frühere werden nicht beachtet.

Der Vater ist schon aus dem Spiel. Sein Vermögen von damals hat ohnehin zur Gänze seine Mutter bekommen. Der Sohn war damals so strikt in der Ablehnung seiner Eltern, dass er nicht auf das notarielle Schreiben reagiert hat, das ihn zur Verlassenschaftsabhandlung nach dem Vater eingeladen hätte. So hat er auch seinen Anspruch auf den Pflichtteil nicht geltend gemacht.

Es geht also jetzt ausschließlich um die Mutter. Wenn diese Geschenke an Familienangehörige, denen ein Pflichtteil zukommt, gegangen wären, wäre dies unbefristet. Dann hätte der Sohn auch auf Schenkungen greifen können, die die Mutter an eine potenzielle Schwester übergeben hätte. Dann hätte es keine zweijährige Frist gegeben, sondern es hätten auch frühere Übergaben berücksichtigt werden müssen.

So aber gelten nur zwei Jahre. Und der Notar fährt fort: „Ich fürchte, es werden nur jene Schenkungen nachvollziehbar sein, die Grund und Boden betroffen haben. Das ist nämlich im Grundbuch ersichtlich. Sonstige Geschenke, vor allem Bargeld oder Gegenstände, werden kaum jemals herausgefunden werden können, weil sich die Beteiligten nicht die Mühe gemacht haben werden, das irgendwo zu registrieren. Vielleicht lässt sich über die Kontenauskunft über finanzonline etwas herausfinden."

Das Grundbuch ist das österreichische Register über Eigentum an Liegenschaften. In aller Regel sind dort die aktuellen Eigentümer verzeichnet. Bargeld und sonstige Gegenstände müssen zwar unter gewissen Voraussetzungen bekannt gegeben werden, aber das wird nicht immer berücksichtigt. Das Finanzministerium führt die Plattform finanzonline. Dort sind grundsätzlich alle österreichischen Konten, die einer Person zuordenbar sind, verzeichnet. Es müsste sich also herausfinden lassen, welche Bewegungen es in den letzten zwei Jahren auf diesen Konten gegeben hat. Außerdem sind Bankinstitute verpflichtet, dem Erben Auskunft über das Vermögen der Verstorbenen zu geben. Für Pflichtteilsberechtigte gilt dies nicht. Da der Sohn aber Alleinerbe sein würde, kann er diese Auskunft bekommen.

Er fragt den Notar, ob er etwas zum Immobilieneigentum der Mutter sagen könne. Er habe ja die Grundbuchsauszüge vor sich. Der Notar holt tief Luft und setzt an: „Ja, sagen kann ich schon etwas dazu, aber das wird Sie nicht freuen. Tatsächlich war die Mutter Eigentümerin von insgesamt sechs Liegenschaften. Teilweise im Wiener Stadtgebiet gelegen, eine Liegenschaft in Kärnten und eine in der Steiermark. Alle hat sie aber schon in den Jahren 2010–2021 verschenkt."

Also außerhalb des zweijährigen Zeitraums, denkt der Sohn. Die Mutter ist 2024 verstorben. Auf der Liegenschaft, auf der die zuletzt bewohnte Villa steht, hat sie sich zumindest ein lebenslängliches Wohnrecht einräumen lassen. Die Kosten der Betreuung musste ebenfalls der Beschenkte zahlen. Aber die Gegenleistung war ungleich größer: Er hat ein Millionenvermögen bekommen. Und das wird ihm nun bleiben. Endgültig und ohne Abzug.

„Aber die Mutter hatte doch noch so viel mehr. Es können ja nicht nur die Grundstücke gewesen sein. Wie finde ich heraus, wohin das gegangen ist?"

„Das ist eine gute Frage", antwortet der Gerichtskommissionär. „Denn auch hier gilt die Frist von zwei Jahren. Und das Gesetz sieht vor, dass Sie infrage kommende Personen auffordern können, Ihnen bekannt zu geben, was sie wann genau von der Mutter geschenkt bekommen haben. Zumindest im Zeitraum ebendieser zwei Jahre."

Die Aufmerksamkeit des Sohnes steigt, als ihm der Notar erklärt, er könne unter gewissen Voraussetzungen sogar verlangen, dass diese Auskunft unter Eid abgegeben wird. Und wer hier lügt, etwas verschweigt oder falsche Angaben macht, könnte sich strafbar machen. Das würden sich nur wenige Personen trauen. Das wäre also ein starker Hebel, um zumindest notwendigste Informationen zu bekommen.

Der Sohn entschließt sich, sich auf die Suche nach dem verschwundenen Vermögen zu machen.

Kluge Vorsorge oder doch beschwerliche Nachsorge?

Ich habe nun schon mehrfach davon gesprochen, dass es einen typischen Verfahrensgang gibt, wenn Erb- und Pflichtteilsrechte zu verhandeln sind. Ich will das nun etwas näher ausführen.

Zunächst wird der Tod durch einen Arzt festgestellt. Das reicht grundsätzlich, nähere Nachforschungen zu den Todesumständen und zur Todesursache muss es außer in Ausnahmefällen nicht geben. Wenn etwa keine Todesursache vorstellbar ist oder gar der Verdacht auf ein Tötungsdelikt besteht, wird üblicherweise obduziert. Dann wird die Leiche entweder vor Ort genauestens untersucht (meistens wird auch die sogenannte Körperkerntemperatur ermittelt, von der sich auf den ungefähren Todeszeitpunkt rückschließen lässt) oder sie wird zur Obduktion in eine spezielle Einrichtung gebracht.

Vom Tod wird schließlich behördlich das zuständige Bezirksgericht verständigt. Zuständig für die Führung des Erbschaftsverfahrens ist normalerweise der Gerichtsort, wo der Tote seinen letzten Wohnsitz hatte. Dort wird ein Register von Notaren geführt.

Notare sind speziell ausgebildete Juristen, die anders als Rechtsanwälte nicht hauptsächlich eine Partei gegen eine andere vertreten, sondern bestimmte staatliche Aufgaben wahrnehmen. Dazu zählen neben der Führung von Verlassenschaftsabhandlungen vor allem das Vertragsrecht betreffende Belange. Die Gestaltung von Liegenschaftsverträgen, Gründungsverträgen von Gesellschaften, Eintragungen in Grund- und Firmenbuch und dergleichen sind das tägliche Brot eines Notars.

Nach Prüfung des sogenannten Personenstandsregisters, in dem die Standesämter verwandtschaftliche Beziehungen eingetragen haben, und Nachschau im Testamentsregister, ob es ein Testament des Verstorbenen gibt, nimmt der Notar üblicherweise zunächst mit der dem Verstorbenen nächststehenden Person Kontakt auf. Das wird in den häufigsten Fällen der verwitwete Ehegatte oder ein Kind sein.

Es folgt die Todesfallaufnahme: Der Notar spricht mit dem Anwesenden die Familienverhältnisse, Vermögensverhältnisse und den allfälligen Handlungsbedarf durch und macht sich ans Werk. Banken, Versicherungen, mögliche Erben und Pflichtteilsberechtigte werden angeschrieben und über den Todesfall informiert. Für das Verfahren dienliche Informationen werden beigeschafft.

Dann gibt es einen gemeinsamen Termin aller Hinterbliebenen, die Ansprüche an die Verlassenschaft stellen könnten. Der Notar hat einen Einigungsversuch zu unternehmen. Oft wird es keine sofortige Einigung geben, weil nicht alle wissen können, welcher Wert tatsächlich vorhanden ist. Oft müssen noch Liegenschaften, Kunstgegenstände, Fahrzeuge geschätzt werden, wenn notwendig auch Unternehmensbeteiligungen. Dann werden Sachverständigengutachten eingeholt.

Und wenn dann alle Zahlen auf dem Tisch liegen, macht der Notar das sogenannte Inventar fertig, in dem klar in Form einer Bilanz Aktiva (werthaltige Vermögensgegenstände) und Passiva (Schulden) gegenübergestellt sind. Was dann bei der Bilanzierung übrig bleibt, also der Unterschied zwischen Aktiva und Passiva, ist der reine Nachlass. Von diesem werden dann die Erb- und Pflichtteile berechnet.

Gibt es keine Einigung, bekommen zunächst einmal der Erbe oder die Erben, wenn es mehrere sind, ihr Erbe zu den jeweiligen Anteilen eingeantwortet. Einantwortung ist der Fachbegriff dafür, ihnen die rechtliche Verfügungsmacht über den Erbteil einräumen.

Pflichtteilsberechtigte müssen ihre Ansprüche dann gegen die Erben geltend machen. Und wenn keine Lösung gefunden wird, durch Klage bei Gericht. Dies hat grundsätzlich binnen vier Jahren zu erfolgen.

Kann eine Verlassenschaft schnell abgewickelt werden, ist alles nach wenigen Monaten, teilweise sogar nach einigen Wochen erledigt. Ist die Situation jedoch etwas verworrener, sind die Beziehungen komplexer und vor allem, wenn sich gerichtliche Streitigkeiten ergeben sollten (Auskunftspflicht hinsichtlich Schenkungen und Beeidigung, Bestimmung von Pflichtteil und Schenkungspflichtteil), kann sich das deutlich länger hinziehen. Auch einige Jahre Verfahrensdauer sind keine Seltenheit.

Und da stellt sich für viele – ich denke, auch für Sie – die Frage: Zahlt sich da eine Rechtsschutzversicherung aus? Wofür hat man eine solche, was deckt sie ab, was ist mein Restrisiko?

Das sind Fragen, die ich gern grundsätzlich beantworten möchte, weil ich an dieser Stelle natürlich nicht jeden denkbaren Einzelfall abhandeln kann. Aber meine Antwort lautet: Ja, gerade betreffend Erbrecht ist eine Rechtsschutzversicherung sehr sinnvoll.

Grundsätzlich muss eine solche schon zum Zeitpunkt des Schadensfalles vorhanden sein, sonst gibt es keine Deckung. Wenn zum Beispiel ein Elternteil stirbt und Sie wollen Ansprüche geltend machen, dann hilft Ihnen die Rechtsschutzversicherung nur dann, wenn die Versicherung zumindest schon zum Zeitpunkt des Todes bestanden hat. Die Versicherung muss auf Sie als Versicherungsnehmer bzw. auf Ihren Ehepartner oder den im gleichen Haushalt mit Ihnen lebenden Lebensgefährten lauten, sofern Sie mitversichert sein sollten.

Es gibt eine eigene Sparte, die das Erbrecht betrifft. Hilfe können Sie von der Versicherung daher auch nur dann erwarten, wenn diese ausdrücklich mitversichert ist. Das kostet im Jahr sicherlich einige Euro mehr, aus meiner Sicht ist dieses Geld aber gut investiert. Denn: Erbschaftsstreitigkeiten können lange dauern und ins Geld gehen. Nicht nur die Anwälte verlangen für ihre wertvolle professionelle Tätigkeit Geld, auch Sachverständige erstellen keine Gutachten gratis. Den Notaren steht selbstverständlich ebenfalls eine Entlohnung für die Führung des Verfahrens zu. Und schließlich gibt es immer Gerichtsgebühren zu zahlen.

Ich muss hier etwas differenzieren, ohne allzu sehr in die Tiefe gehen zu wollen (das würde den Rahmen dieser Übersicht sprengen): Gebühren des Notars und der Republik werden grundsätzlich vom reinen Nachlass abgezogen und daher von der Verlassenschaft selbst, von dem, was da ist, beglichen. Gleiches gilt für Sachverständigengebühren.

Das allerdings nur im Rahmen des Verlassenschaftsverfahrens, d. h. bis zur Einantwortung. Eigene Verfahrensstränge wie die Durchsetzung einer Auskunftspflicht oder die Verfolgung von Pflichtteil und Schenkungspflichtteil werden wie sonstige Streitigkeiten behandelt. Da zahlt am Schluss der Verlierer die gesamten Verfahrenskosten, wozu auch etwaige Sachverständigengebühren zählen.

Die Bewertung einer Liegenschaft in guter Lage kann durchaus 8.000 Euro oder darüber kosten. Das sind übliche Gebühren der Immobilien-Sachverständigen, die diesen auch zustehen. Oft verursacht ein Prozess, in dem Schenkungs- oder herkömmliche Pflichtteile geltend gemacht werden, Gesamtkosten von jenseits der 30.000 Euro. Das umfasst Kosten des eigenen Rechtsanwalts, Kosten der Gegenseite und Gebühren. Und der Verlierer zahlt.

Eine Rechtsschutzversicherung bietet hier eine nicht zu unterschätzende Unterstützung. Hat diese erst einmal Deckung zugesagt – was sie tun muss, wenn die Klagsführung nicht aussichtslos ist –, dann steht sie für die Prozesskosten bis zur Höhe der versicherten Summe ein. Sollten Sie daher verlieren und Kosten ersetzen müssen, übernimmt die Rechtsschutzversicherung alles. Sie zahlt die Kosten des eigenen wie des fremden Anwalts und auch alle Gebühren.

Ausnahme: Haben Sie einen Selbstbehalt vereinbart, müssen Sie diesen selbst tragen. Und üblicherweise zahlen die Versicherungen nur den sogenannten loco-Tarif. Dazu muss ich etwas ausholen: Rechtsanwälte dürfen, wenn sie außerhalb ihres Kanzleisitzes tätig werden, etwas mehr als ein ortsansässiger Kollege verrechnen. Die Versicherung zahlt normalerweise, wenn es um die Abgeltung des eigenen Anwalts geht (jener der Gegenseite bekommt ebenfalls den auswärtigen Tarif, wenn er ihn zu Recht beansprucht), nur den Satz, der für ortsansässige Kollegen vorgesehen ist.

Hier steht es jedem Kollegen zu, die Differenz zum auswärtigen Tarif direkt vom Mandanten zu verlangen, wenn nicht alles von der Gegenseite ersetzt wird. Das ist immer im Voraus abzuklären. Ich selbst handhabe es so, dass ich auch auswärts bei Rechtsschutzdeckung zum Ortstarif vertrete. Das könnte ich aber auch vom Einzelfall abhängig machen oder überhaupt einmal von dieser Praxis abgehen, weil das mein klares Recht wäre.

Sie sehen: Eine Rechtsschutzversicherung kann durchaus sinnvoll sein.

Und auf noch einen Aspekt muss ich hinweisen: Üblicherweise ist eine Deckung erst dann vorgesehen, wenn die Sache zu Gericht geht. Auf Deutsch: Solange beim Notar verhandelt wird, wird sich die Versicherung weigern zu zahlen. Das ist ein Standardpassus in den Versicherungsbedingungen, der – wenn keine Einigung möglich sein sollte – nahelegt, möglichst rasch die gerichtliche Klärung zu suchen, damit die Rechtsschutzversicherung die schützende Deckungshand über einen halten kann.

Und nicht bei allen Verträgen besteht Wahlfreiheit. Sie können sich daher nicht jeden österreichischen Anwalt aussuchen, wenn das vereinbart sein sollte. Das müssten Sie Ihren Versicherungsbedingungen entnehmen. Manche Versicherungen behalten sich vor, dass Vertretungen nur durch Vertragsanwälte, die sich zu einer laufenden Zusammenarbeit mit der Versicherung entschlossen haben, gedeckt werden.

Das bedeutet aber nicht, dass Anwälte, die keine Vertragsanwälte sind, keine Deckung für die Vertretung durch die Versicherung bekommen. Eine Rechtsberatung ist üblicherweise der erste Kontakt zu einem Anwalt, bei dem man sich Antworten auf Rechtsfragen holen kann und vor allem sieht, ob das Klima passt oder nicht. Die Kosten dieser Rechtsberatungen werden normalerweise von der Versicherung übernommen.

Nach meiner Erfahrung bekomme ich allerdings bei eigentlich allen Rechtschutzversicherungen Österreichs Deckung für Gerichtsverfahren, auch wenn ich dort nicht Vertragsanwalt bin. Voraussetzung ist oft nur, dass ich bereit bin, Abstriche beim Honorar zu akzeptieren (Rabatte, die auch ein Vertragsanwalt abziehen muss), und zum Ortstarif arbeite.

Ein Fallbeispiel? Voilà!

Fallbeispiel 8: Der Bauer, die Frau – und die erwartungsvollen Hoferben

Landwirte sind konservativ, heißt es. Sie müssen es auch sein: Das landwirtschaftliche Gut muss für zukünftige Generationen gesichert werden. Wer sich hier nur allzu breitwillig jeder Mode anpasst, dem kann es passieren, dass er sich verspekuliert. Dann wachsen die Schulden, die laufenden Erträge aus dem Betrieb können nicht einmal die Zinsen abdecken. Dann stellt die Bank das Darlehen fällig – und der Betrieb steht vor dem Aus. Man kommt dann „um Haus und Hof", wie es so einprägsam heißt.

Leider passiert das in Österreich nicht selten. Gerade die Nebenerwerbslandwirtschaft, lange Jahrzehnte ein Markenzeichen des ländlichen Raums, existiert nur mehr punktuell. Mich persönlich wundert das nicht. Ich, der ich selbst vom Land komme und eine Ausbildung in biologischer Landwirtschaft habe, weiß, wie viel Energie der bäuerliche Alltag kostet. Das lässt sich nicht so ganz einfach nebenbei machen, neben einer beruflichen Tätigkeit etwa in einem Betrieb, schon gar nicht bei Schichtdienst. Und doch machen das viele. Diese Menschen nötigen mir tiefste Bewunderung ab. Acht, neun Stunden täglich im Unternehmen zu arbeiten und dann nach Hause, um die dortige landwirtschaftliche Arbeit zu erbringen. Immer ist etwas zu tun: Futter für die Tiere bereitstellen, die Kühe melken, den Stall reinigen, im Frühjahr und Sommer Grünschnitt mähen und einbringen, ansonsten den Hof in Schuss halten und Planungen für die nächste Saison anstellen. Und nicht zu vergessen: Papierkram, Dokumentationen, Anträge, Buchhaltung.

Da wird es regelmäßig 23:00 Uhr, bis endlich das gesamte Tagewerk getan ist. An den Wochenenden gilt oft dasselbe.

Und in Urlaub? War man schon lange nicht mehr. Denn wer sollte zu Hause die Landwirtschaft betreuen, die Tiere, das Vermächtnis der Eltern?

Diese Zeilen schreibe ich übrigens, während ich in meinem Garten im Herzen des Mostviertels sitze. Obwohl nichts die Idylle stören sollte – die nächsten Nachbarn sind weit entfernt, der Wald liegt näher –, nehme ich die Tätigkeit eines Mähdreschers wahr, der ein Feld aberntet. Ich höre den Motorenlärm, spüre das Zittern des Bodens, das von diesem tonnenschweren Gefährt verursacht wird – und sehe mich vor allem von einer Staubwolke bedeckt, die mehr als eine bloße Ahnung von Stroh vermittelt.

Ein Blick auf die Uhr zeigt mir: Es ist deutlich nach 20:00 Uhr. Das ist es, was ich meinte: Ein Landwirt kann sich nicht an übliche Arbeitszeiten halten. Gearbeitet wird, wenn es die Natur der Sache erfordert. Auch wenn das in den späten Abendstunden sein sollte.

Aber nun zum Fallbeispiel.

Karl W. ist seit seiner Kindheit begeisterter Landwirt. Natürlich, als Kind musste er die Schule besuchen. Damals gab es aber noch viele Ausnahmen. Wenn die Eltern in der Schule mitteilten, sie würden ihn zu Hause im landwirtschaftlichen Betrieb benötigen, galt er als entschuldigt. Es war nicht einfach, ganz und gar nicht. Er musste trotzdem seine schulischen Leistungen erbringen; die Hofarbeit gab ihm nur Freizeit von der Schule, aber nicht vom Lernen.

Aufgewachsen ist er im nördlichen Mühlviertel, nicht weit von der Grenze zu Tschechien, zum vormaligen Böhmen, entfernt. Er kann sich noch an die Züge von Flüchtlingen erinnern, die Mitte der Vierzigerjahre durch die Straßen zogen, und auch noch deutlich an die Wachposten, die nahe dem elterlichen Hof die Grenze überwachten. Als Kind musste er genau aufpassen, denen nicht in die Nähe zu kommen, das hatten ihm die Eltern streng verboten. Keiner konnte wissen, ob die nicht vielleicht doch schießen würden.

Seine Kindheit war hart, aber glücklich. An materiellen Gütern entbehrungsreich, aber nicht an geschwisterlicher Liebe. Seine Eltern schenkten der Welt insgesamt sieben Kinder. Karl stand ziemlich genau in der Mitte. Ganz genau, um exakt zu sein. Drei Geschwister (zwei Brüder, eine Schwester) waren älter, drei weitere (allesamt Schwestern) jünger als er.

Bald schon zeigte sich, dass Karli, wie die Eltern ihn nannten, ein geborener Landwirt war. Schon als Kind war er geschickt darin, den Eltern zur Hand zu gehen. Er half zunächst die Ziegen zu melken, schließlich auch die Kühe. Er unterstützte die Eltern beim Scheren der Schafe, die zweimal jährlich eine Schur benötigten, da sie sonst vor lauter Wolle fast erstickt wären, und bei der Klauenpflege, die äußerst anstrengend war.

Die zwei älteren Brüder wollten sich ohnehin anders orientieren. Der eine wollte Elektriker werden und machte eine entsprechende Berufsausbildung, um schließlich die Meisterprüfung abzulegen und ein Unternehmen zu gründen. Der andere wurde Maurer, lernte dann aber seine spätere Ehefrau kennen, die selbst Landwirtin war, und übernahm mit ihr den schwiegerelterlichen Hof.

Also war klar: Karl würde Hofnachfolger werden. Und das wurde er nur allzu gern.

Die Eltern übertrugen ihm den Hof, nachdem er selbst schon eine Familie gegründet hatte. Koarl, wie er nun gerufen wurde, hatte ein paar Jahre zuvor geheiratet. Zum Zeitpunkt, als ihm der Hof übertragen wurde, war er schon Vater von zwei Kindern, die Tochter war 14 und der Sohn elf Jahre alt. Zwei Jahre nach der Übergabe wurde noch die Nachzüglerin geboren.

Ebenso wie Karl während seiner Jugend waren auch seine Kinder in die Hofarbeit eingebunden. Alle halfen nach Kräften mit. Alle machten eine eigene Ausbildung, aber in den Schulferien und oft auch am Abend und an den Wochenenden unterstützten sie ihre Eltern tatkräftig. Die ältere Tochter studierte Lehramt und schloss das Studium auch ab. Sie bekam dann selbst zwei Kinder und blieb bei diesen zu Hause. Der Sohn maturierte an der HTL und überlegte ein technisches Studium an der TU Wien.

Dazu kam es dann aber nicht, denn der Vater stellte den beiden älteren Kindern in Aussicht, einmal gemeinsam den Hof zu übernehmen. Wer das übernehmen würde, wäre ihm nicht so wichtig. Das könnten sie ohnehin selber regeln. Er würde es jedem der Kinder vergönnen. Jetzt hätten sie ja auch gemeinsam gearbeitet. So hielt es auch die jüngste Tochter. Sie machte die Ausbildung zur Kindergärtnerin, arbeitete in diesem Beruf, behielt aber immer die Möglichkeit im Auge, am Hof mitzuwirken, und tat das auch.

Obwohl ihm die Landwirtschaftskammer und ein bekannter Notar geraten hatten, möglichst bald klare Verhältnisse zu schaffen (und die Übergabe zu planen und im Vorfeld ausführlich mit den Kindern zu besprechen), machte Karl das nicht. Er dachte: Die gemeinschaftliche Arbeit funktioniert ohnehin so gut, warum sollen wir uns unter Druck setzen und irgendetwas regeln? Das macht doch die Sache nicht besser.

Als seine Frau starb, mit der ihn eine innige Beziehung verbunden hatte, änderte sich schlagartig alles. Karl wurde immer trübseliger, saß die meiste Zeit in der Stube, das Sterbebild seiner verstorbenen Ehefrau vor sich, und sinnierte vor sich hin. Er fing an, sein Schicksal zu verwünschen, und versank immer tiefer in Selbstmitleid. Umso entschiedener mussten seine Kinder im Betrieb arbeiten, weil er und seine Mitarbeit schließlich ganz ausfielen.

Denn eines war für ihn klar: Der Betrieb musste um jeden Preis im Familienbesitz bleiben Er hatte ihn von seinen Eltern übernommen, seine Kinder sollten ihn ebenso von ihm bekommen. Ein Betriebsberater der Landwirtschaftskammer machte darauf aufmerksam, dass die modernen Zeiten nicht mehr mit jenen der Nachkriegszeit zu vergleichen seien. Landwirtschaften würden nur mehr bei klarer Positionierung und unter Beachtung betriebswirtschaftlicher Grundsätze überleben können. Doch Karl war das zu hoch. Er konnte und wollte sich nicht damit auseinandersetzen. Er ließ die Dinge schleifen.

Karl stirbt. Plötzlich und unerwartet. Genauso konsequent, wie er die letzten Monate nach dem Tod seiner Ehefrau in Düsternis versunken war, weigerte er sich, seinen letzten Willen klar zu regeln. Testament wurde keines gefunden. Die Kinder waren davon nicht überrascht – Jahre hindurch hatte er gefragt, was man denn regeln solle, da man sich ja ohnehin einig sei.

Doch die Dinge liegen nicht so einfach, wie Karl sich das dachte. Der Notar klärt die Geschwister auf: Ohne behördliche Zustimmung geht gar nichts. Es ist die Grunderwerbskommission, die über den weiteren Erhalt der Landwirtschaft wacht. Die Geschwister dachten nämlich daran, die Landwirtschaft zu teilen. Jeder sollte seinen Anteil bekommen, hätte diesen – freilich im Nebenerwerb – bewirtschaftet und das Wesen der Landwirtschaft wäre so erhalten geblieben.

Nein, erläutert der Notar, das sei so nicht möglich. Eine derartige Landwirtschaft dürfe nicht auseinandergerissen werden. Und er klärt über die Bestimmungen des Anerbengesetzes[31] auf. Nach diesem ist ein Erbe berufen, das landwirtschaftliche Unternehmen zu übernehmen. Und er muss die anderen, die weichenden Geschwister, auszahlen.

Der wichtigste Grundsatz dieses Gesetzes ist es, landwirtschaftliche Betriebe zu erhalten. Und solche können nur dann weiter existieren, wenn sich der Übernehmer solche Abfindungszahlungen auch leisten kann. Das bedeutet, so der Notar weiter, dass die weichenden Geschwister nicht den Anteil bekommen, der dem Verkehrswert entspricht, sondern nur einen Abfindungspreis. Der Verkehrswert sei deutlich höher, nämlich der Preis, den man bei Verkauf realistischerweise bekommen würde. Der Abfindungspreis soll aus dem Betrieb heraus leistbar sein, so der Notar, und ist daher vergleichsweise niedrig.

Doch wer bekommt den Zuschlag? Wer erbt Ehre und Verpflichtung, den Betrieb für die wiederum nächste Generation zu erhalten? Das wäre abermals in einem Verfahren zu klären. Da alle eine landwirtschaftliche Ausbildung haben und nachweislich lange Jahre in dem Betrieb gearbeitet haben, ist es schwer, einen klaren Favoriten vorherzusagen. So würde es wohl an den Geschwistern liegen, eine Vereinbarung zu treffen, die dann der Behörde vorgelegt würde.

Eine etwas unübersichtliche Ausgangssituation. Und genau diese absehbare Problemstellung hätte der Vater vermeiden können, hätte er schon zu Lebzeiten gemeinsam mit seinen Kindern eine eindeutige Regelung getroffen. Auch wenn er ein Testament gemacht hätte, wäre es wohl besser gewesen. Wir hätten dann zumindest seine Präferenz gekannt. Nun aber, weil das alles nicht geschehen ist, kommt es auf eine behördliche Entscheidung an. Oder die Geschwister finden doch noch eine Einigung.

Der Fluch der viele Testamente

Erinnern Sie sich noch an den verhängnisvollen Nachlass nach dem mysteriösen Mr. Jarndyce, der seinen letzten Willen so präzise wie möglich fassen wollte – und genau deswegen seinen bedauernswerten Nachkommen eine Vielzahl von „letzten Willen“ hinterlassen hat? Verfügungen, die sich gegenseitig widersprochen haben und von denen nun kaum mehr festgestellt werden kann, in welcher zeitlichen Abfolge sie geschrieben wurden?

Ländereien, Preziosen, massenhaft Bargeld – Perlen vor den Säuen? Ein Vermögen, das ausschließlich dazu dienen soll, ewig lange Gerichtsverfahren mit horrenden Prozesskosten zu bestreiten, wie es scheint?

Charles Dickens hat schon vor fast 200 Jahren genau erkannt, welche Tücke darin steckt, jeder momentanen Laune nachzugeben und einmal mit verstandesvoller Präzision, dann wieder aus Sympathie etwas zu verfügen und dann wieder etwas anderes.

Die potenziellen Erben in diesem Fall hatten damit jedenfalls keine rechte Freude. Wir dürfen Mr. Jarndyce nicht unterstellen, dass er ihnen das sprichwörtliche Kuckucksei legen wollte. Vielleicht hat er es tatsächlich gut gemeint. Tatsache ist allerdings, wie wir nach Lektüre dieses Romans wissen: Glück hat es schlussendlich niemandem gebracht, für alle Beteiligten war diese Hinterlassenschaft ein Drama.

Wir wollen nun an das Kapitel „Die Tücken eines fehlerhaften Testaments“ anschließen. Dort haben wir schon wesentliche Grundlagen herausgearbeitet: So reicht es oft nicht aus, wenn ein Testament einfach nur unterschrieben ist. Manchmal werden – auch bei besten Absichten – grundlegende Formvorschriften nicht beachtet und das Testament ist ungültig.

Manchmal sind es gerade die besten Absichten, die dennoch ins Verhängnis führen.

Fallbeispiel 9: Der wohlmeinende Gentleman, der es allen recht machen will

Aus *gutem Hause* zu sein, hat einmal sehr viel bedeutet. Da schien der Lebensweg schon vorgezeichnet. Karriere, Kindersegen, Mehrung des Familienruhms. Ein guter Name war Programm. Da war klar: Der Träger kennt die hohe Kunst der Etikette. Und er weiß nicht nur, wie man sich bei Tische benimmt und in der Gesellschaft bewegt, sondern er hat auch sein Herz am rechten Fleck.

Doch wie beginnen Märchen? Es war einmal … Ja, das war einmal. Heute können wir mit einem klingenden Namen kaum noch etwas anfangen. Denken wir an unsere bedauernswerte Helene Margarethe Viola, die uns auf den vorangegangenen Seiten beschäftigt hat. Was hat ihr ihre vornehme Herkunft gebracht? Undank war der Welten Lohn. Gern hat man ihre Geschenke entgegengenommen, nur umso bereitwilliger aber auf sie vergessen. Dankbarkeit scheint nur allzu oft eine Tugend zu sein, die in der modernen, spätkapitalistischen Welt nicht mehr viel zählt.

Lambert W. wuchs als einziges Kind einer Beamtenfamilie im Speckgürtel südlich von Wien auf. Zahlreiche Schicksalsschläge haben ihn reifen lassen. Er hat für sich erkannt, dass es letzten Endes nicht das Geld ist, das zählt. Nein, nicht nur das letzte Hemd hat keine Taschen. Auch zu Lebzeiten ist es der gutherzige menschliche Kontakt, der zählt. Tu Gutes, dann wird auch dir Gutes widerfahren. Das war seine Lebensmaxime.

Was war geschehen? Welche Schicksalsschläge, welche Lebensereignisse, welche Prägung waren dafür verantwortlich?

Die Kindheit von Lambert war nicht außergewöhnlich. Seine Eltern waren, wie gesagt, Beamte. Beide hatten also sichere Jobs. Die Katastrophe des Zweiten Weltkriegs hatte gelehrt, dass man vergeben muss. Und nun war Zusammenhalt wichtig. Der Vater hatte mit den Nationalsozialisten sympathisiert. Parteimitglied der NSDAP selbst war er nie gewesen, dieser Partei aber sicherlich nahegestanden.

Nach dem Krieg wurden Beamte gebraucht. Es war klar, dass nicht alle, die dem Regime bis zum Schluss blind gefolgt waren, ausgeschlossen werden durften. Das waren zwar Menschen, die sich unzweifelhaft verrannt hatten, aber auch Menschen, die nun erkennen mussten, dass sie einer kranken Ideologie gefolgt waren. Und alle hofften auf Einsicht.

So wurde der Vater bald nach dem Krieg pragmatisiert. Ebenso wie die gleichfalls pragmatisierte Mutter arbeitete er in einem Wiener Ministerium. Der Sohn wurde, wie damals üblich, mit eiserner Hand erzogen. Es herrschte die Auffassung, Disziplin sei das Wichtigste für einen Buben. Nur so könne er zu einem „wirklichen" Mann heranreifen. Und so handhabte man auch die Erziehung. Lambert hat wenig Liebe erfahren, zumindest keine, die er bemerkt hätte. Seine Eltern hätten natürlich gesagt, kein Tadel sei schon Ausdruck allerhöchster Liebe. Aber er, der kleine Berti, war doch so dringend darauf angewiesen. Er, der die Welt noch nicht verstehen konnte, hoffte auf irgendein Zeichen elterlicher Zuwendung. Leider vergebens ...

Was er rasch lernte, war, sich im neu erwachten Kapitalismus anzupassen. Und so fügte er sich in die Mechanismen der Zukunftssicherheit, die wir als Wirtschaftswunder der Sechziger- und Siebzigerjahre kennen, ein. Er machte zunächst die Lehre zum Bankkaufmann und studierte dann Wirtschaft in Wien. Eine erfolgreiche Karriere im Bankwesen schien ihm vorgezeichnet.

Lambert tat sich immer schwer in Beziehungen. Er konnte sich der Beziehungspartnerin nicht immer einfach öffnen. Oft hatte er den Eindruck, alles wäre ein Spiel. Der Beruf ein Spiel, die Ehe ein Spiel, das Leben ein Spiel.

Denn war nicht alles geheuchelt, was er so alltäglich im Beruf erlebte? Geld, immer nur Geld – wohin sollte das führen? Musste er nicht wie wir alle die Bildung einer Blase miterleben, die sich immer stärker aufblähte und doch irgendwann einmal platzen musste? Der Finanzkapitalismus – Vermögen aus der Luft geschaffen, aus dem Nichts?

Seine erste Ehe scheiterte, auch die folgende. Für ihn selbst war zunächst klar: Leider, leider hatte er sich die falsche Ehefrau gesucht. Zunehmend aber erkannte er, dass eigene Beschränkungen jedenfalls mitverantwortlich waren. Das strenge Korsett, in das er sich selbst gepresst hatte. Seine Bereitschaft, das Spiel des Lebens mitzuspielen, das er für sich als widersprüchlich erkannt hatte. Denn er wusste: Alles ist gelogen. Keiner weiß doch so wirklich, wofür er eigentlich lebt. Alle leben in den Tag hinein – und er jedenfalls war, das war sein Glaubenssatz, intelligent, sensibel und konsequent genug, um sich das einzugestehen. Mit dieser Tiefe des Charakters, die er nicht auszusprechen gewagt hatte, hatte er seine Ehepartnerinnen offenbar überfordert. Die hatten über die Jahre bemerkt, dass etwas an ihm nagte. Aber wie hätten sie verstehen können, was das eigentlich war, wenn er sich nicht äußern wollte? Und er musste schließlich einsehen, dass es sein eiserner Panzer war, den er über sich gestülpt hatte, der die Partnerinnen immer weiter weg von ihm drängen musste.

Angst. Angst war es, die ihn sich nicht öffnen ließ. Die blanke Angst, missverstanden zu werden. Die pure Angst, abgelehnt zu werden. Und wohl am meisten die unerbittliche Angst, so gesehen zu werden, wie er war, was er sich aber nicht eingestehen wollte: ein Mensch voller Unsicherheit. Nein, das konnte, das durfte er nicht zeigen ...

Die Folge war: Lambert, nun in verantwortlicher Position eines bedeutenden Bankunternehmens, entwickelte zunehmend Abscheu seinem Beruf gegenüber. Alles lehnte er nun ab: die oft schlecht sitzenden Anzüge, das für ihn hohle Gerede von Erwartung und Bewertung, die Krawatten, die Rasierwasser, die Casual Fridays, kurzum: seinen Alltag, der ihm unerträglich geworden war.

Heute würden wir diesen Zustand des völligen Ausgebranntseins als Burn-out bezeichnen. Damals wurde er als mittelgradig depressiv diagnostiziert. Ihm wurden Stimmungssaufheller verordnet, sogenannte Serotonin-Wiederaufnahmehemmer, die dazu dienen sollen, einen hohen Gehalt an Serotonin im Körper sicherzustellen. Serotonin kennen wir landläufig als Glückshormon. Er aber lehnte ab. Er wollte sich nicht mit der chemischen Keule abdämpfen, wie er das bezeichnete. Er wollte bei klarem Verstand sein – und fühlen.

Nur leider führte das dazu, dass er immer tiefer in Hoffnungslosigkeit versank.

So verzweifelte er an der Welt. Die Wirkung auf ihn war schrecklich. Er mied zunehmend die Außenwelt, zog sich immer mehr in sich selbst zurück. Aus psychiatrischen Gründen wurde er für berufsunfähig erklärt. Und er war allein.

Aber er war nicht ohne Kinder. Aus der ersten Ehe hatte er eine Tochter und einen Sohn, aus der zweiten zwei Töchter. Zu den Kindern aus erster Ehe hatte er schon lange keinen Kontakt mehr. Um ehrlich zu sein, hatte er den auch gar nicht gewollt. Mit diesem Lebensabschnitt hatte er für sich abgeschlossen. Und die Kinder hatte er ja kaum gekannt, weil seine Ehefrau sich schon nach wenigen Jahren scheiden ließ und die Kinder mitnahm. Ein Kontaktrecht war ihm nie ein Anliegen, sodass die Kinder tatsächlich ohne Vater aufwuchsen. Diese Rolle hat dann der neue Lebensgefährte der Mutter übernommen, den die Kinder immer als eigentlichen Vater angesehen haben.

Zu den Töchtern aus letzter Ehe aber hatte er, wenn auch unregelmäßigen, Kontakt. Das war darauf zurückzuführen, dass sich seine letzte Ehefrau auch noch lange nach der Ehescheidung um ihn kümmerte. Sie hatte mitbekommen, wie schlecht es ihm ging. Da sie ihn immer respektiert hatte und vielleicht sogar noch immer liebte, war es für sie nie eine Frage gewesen, ihm zur Seite zu stehen. Auch nach der Ehescheidung.

Wenn er ehrlich war, musste er sich eingestehen, wie wichtig diese geschiedene Ehefrau für ihn tatsächlich war. Sie war sein

Anker im Leben, der Fels in der Brandung. Er wollte verstehen. Er wollte nicht nur das Spiel des Lebens, das er noch immer so bezeichnete, verstehen, sondern vor allem: sich selbst. Er wollte wissen, warum er sich so unglaublich niedergeschlagen fühlte. Was war der Grund, warum er so tief empfand? Andere Menschen lebten doch auch ihr Leben, aber so viel weniger beschwerlich als er das seine.

Er befasste sich mit den großen Fragen der Menschheit. Religion. Philosophie. Geschichte. Mythologie. Nur hatte er leider niemanden, mit dem er darüber hätte reden können. Er versuchte öfter, das anderen gegenüber anzusprechen, nicht zuletzt seiner letzten Ehefrau gegenüber. Auch wenn die Angesprochenen sich bemühten, seinen Ausführungen zu folgen – es gelang nicht. Alle hielten Lambert für verwirrt. Verrückt.

In guten Stunden aber konnte man meinen, er habe Frieden mit sich und der Welt gemacht. Gütig, wohlmeinend. Doch war das nur Fassade? Man sah nur, dass Lambert es offensichtlich allen recht machen wollte; aber was ging tatsächlich in seinem Inneren vor? Derart tief hinein konnte niemand blicken.

An einem Sonntagmorgen wurde ein lebloser Körper aus dem Wiener Donaukanal gezogen. Er wurde als Lambert W. identifiziert. Die Obduktion ergab eine hohe Alkoholkonzentration im Blut. Fremdverschulden war auszuschließen. Es wurde ein Unfall vermutet: Lambert dürfte in seinem stark durch Alkohol beeinträchtigten Zustand ins Wasser gestürzt und dort ertrunken sein. Aber auch Suizid war nicht auszuschließen.

Ein Blick in das öffentliche Testamentsregister durch den Gerichtskommissionär brachte kein Ergebnis. Lambert hatte also keinerlei Testament dort hinterlegt. Seine letzte Ehefrau, die sich Sorgen um ihn gemacht und schon einige Tage zuvor eine Vermisstenanzeige erstattet hatte, weil sie ihn nicht mehr erreichen konnte, fand in seiner Wohnung allerdings eine Vielzahl von Dokumenten. Diese waren einmal überschrieben mit

„Testament“, ein anderes Mal mit „Mein letzter Wille“. Bei einigen waren nur ein paar Zeilen geschrieben ohne eigentliche Überschrift. Manche waren datiert, manche nicht. Manche gut leserlich, andere wiederum nur schwer – wenn überhaupt – zu entziffern.

Sie sagte sich, sie sei es dem Verstorbenen schuldig, in seinem Sinne zu handeln. So packte sie alle diese Dokumente in eine Dokumentenmappe und brachte sie dem Gerichtskommissionär.

Verlassenschaftsabhandlung erster Teil. Es erscheinen tatsächlich alle Geladenen, nämlich zunächst die beiden Kinder und die geschiedene Ehefrau aus letzter Ehe, aber auch die beiden erstgeborenen Kinder waren, vertreten durch Rechtsanwälte, anwesend.

Der Notar eröffnet mit dem Hinweis auf die Vielzahl dieser Dokumente. Er drückt jedem der Anwesenden Kopien in die Hand. Und es beginnt eine intensive Diskussion, welche Urkunde nun als Ausdruck des letzten Willens angesehen werden könnte, von wann diese, wenn es sich tatsächlich um ein Testament handeln könnte, stammte – und ob unser verstorbener Lambert zu diesem Zeitpunkt überhaupt noch in der Lage gewesen sei, einen letzten Willen zu erklären.

Genau diese Frage nämlich schwebte im Raum und stand allen Anwesenden vor Augen: Bis zu welchem Zeitpunkt war Lambert noch testierfähig gewesen – und ab wann musste man dies bezweifeln?

Eine schwierige, in diesem Fall vielleicht sogar unmöglich zu beantwortende Frage. Die einzige psychiatrische Diagnose, die Lambert je erhalten hatte, war die mittelgradige Depression. Genauer: Damals, vor mehr als einem Jahrzehnt, war eine depressive Episode mittelgradiger Ausprägung diagnostiziert worden. Und eine Episode hat es an sich, auch wieder vorübergehen zu können. Da er in den folgenden Jahren Ärzte und alles, was nur entfernt nach Psychologie aussah, gescheut hatte, gab es keinerlei verlässliche Bewertungen.

Nur seine bis zuletzt engste Kontaktperson, seine geschiedene Ehefrau aus zweiter Ehe, konnte etwas zur Aufklärung seines geistigen Zustands beitragen. Und mit Abstrichen die beiden Töchter aus dieser Ehe, zu denen der Kontakt allerdings stark nachgelassen hatte.

Die Testamente waren – denken wir an unseren Erblasser in Charles Dickens Roman – sehr unterschiedlich. Einmal wurde die letzte Ehefrau bedacht, die sich „als einzige Person aufopfernd um mich gekümmert hat, wo mich doch alle anderen im Stich gelassen haben". Einmal diese gemeinsam mit den beiden jüngeren Töchtern zu gleichen Teilen, einmal sogar alle Kinder und alle Ehefrauen mit dem Schwerpunkt auf der letzten. Einmal, in einem offenbaren Anflug von Schuldbewusstsein, seine erste Familie im Erwachsenenleben im Stich gelassen zu haben, sollten sogar die beiden Kinder aus erster Ehe den Großteil bekommen.

Wir können also festhalten: Die Situation war mehr als unübersichtlich. Und wenn es unter den möglichen Erben nicht gelingen sollte, eine sinnvolle Lösung zu finden, würde ein jahrelanger Prozess alle Beteiligten verfolgen. Durch grafologische Gutachten wäre zu klären, welche Urkunden nun tatsächlich von Lambert geschrieben und unterschrieben wurden; durch psychiatrische, in welchem Zustand er sich da und dort befunden hatte – und das alles noch ganz abgesehen von der Frage, ob die Urkunden überhaupt (etwa durch chemische Untersuchungen) datiert werden konnten, wenn auf diesen kein Datum zu lesen stand.

Ein klassischer Fall für eine Einigung, meinen Sie? Ich sehe das, um ehrlich zu sein, genauso.

In einem solchen Fall bietet sich an, grundsätzlich von der gesetzlichen Erbfolge auszugehen. Es wird also so getan, als gäbe es kein gültiges Testament. Dann würden – die beiden vormaligen Ehefrauen wären aufgrund Scheidung auszuscheiden – alle Nachkommen, sprich die Kinder, gleich viel bekommen. Das würde bei vier Kindern jeweils ein Viertel bedeuten.

Wenn nun kein gültiges Testament eruiert werden könnte, würden alle auf diese rechtliche Regelung zurückfallen. Nun kommt es natürlich für jeden Einzelnen darauf an, seine jeweils eigenen Erfolgsaussichten abzuschätzen. Was könnte ich mir theoretisch erwarten, wie stehen meine Chancen?

Die Kinder aus erster Ehe könnten den Standpunkt vertreten, im letzten gültigen Testament bedacht worden zu sein. Oder die Kinder aus der letzten Ehe könnten wiederum den gegenteiligen Standpunkt vertreten und ihr eigenes Recht beanspruchen.

Einzelne könnten aber auch zu Protokoll geben, ein mögliches Erbe oder mögliche Pflichtteile auszuschlagen. Das könnte aus praktischen Gründen erfolgen, um sich keinem Risiko einer finanziellen und nervlichen Belastung auszusetzen. Oder der Grund könnte darin liegen, kein Bedürfnis zu verspüren, weil ohnedies schon seit Langem kein Kontakt mehr zum Vater bestand.

Oder man zieht sich doch auf das Sicherheitsnetz der gesetzlichen Erbfolge zurück und würde diese in Anspruch nehmen wollen?

Wenn es nun, wovon schon im Vorhergehenden die Rede war, sogenannte widerstreitende Erbantrittserklärungen gibt, ist alles genauestens gerichtlich zu prüfen. Und das kann – Gutachten, Befragungen, gerichtliche Entscheidungsfindung – durchaus ins Geld gehen und nervenzerrüttend sein.

Zusammenfassung

Fallbeispiel 7: Das Millionenerbe, von dem nichts zu bleiben droht

Undankbarkeit ist der Welten Lohn, heißt ein altes Sprichwort. Und wir haben anhand des Beispiels von Lini gesehen, wie ihr die Welt ihre Freigebigkeit gedankt hat. Allein und einsam ist sie gestorben, ohne ein großes Vermögen zu hinterlassen. Der Sohn, nach dem sie sich in den letzten Jahren gesehnt hat, hatte sich schon lange Zeit zuvor von ihr entfremdet.

Und er ist nun doch verdutzt, als ihm vom Notar mitgeteilt wird, das bedeutende Millionenvermögen wäre seinem Zugriff entzogen. Einen vergleichsweise geringen Geldbetrag könne er erben, aber all die Grundstücke, Häuser, prachtvollen Schmuckstücke und dergleichen, aus denen seine Mutter ihre Lebenskraft geschöpft hatte, waren in unerreichbare Ferne gerückt.

Der Sohn sieht sich hier mit dem Recht des ***Schenkungspflichtteils*** konfrontiert. Diese gesetzlichen Regelungen sollen, wie schon angeführt, ein gutes Maß an Fairness in das erbrechtliche System bringen. Wir könnten sie als sinnvolle Ergänzung zum Pflichtteilsrecht sehen. Dieses soll verhindern, dass nahe Angehörige nichts oder wenig bekommen, während etwa Leute, die dem Verstorbenen in den letzten Jahren vielleicht schöne Augen gemacht haben, ihn manipulieren konnten oder aus einer schwer nachvollziehbaren Laune heraus von ihm bedacht wurden, den Großteil erben.

Dieses System bringt aber nichts, wenn zum Zeitpunkt des Todes nichts mehr da ist. Solche Fälle passieren mit überwältigender Regelmäßigkeit. Oft, und nicht nur in der Landwirtschaft, wird zu Lebzeiten schon das eigentliche Vermögen des Erblassers, meistens Eigentum an Grund und Boden, an jemanden anderen übertragen.

Werden hier Personen, denen später ein Pflichtteil zustehen könnte, nicht einbezogen, so würde das bedeuten, dass diese dann nichts mehr bekommen. Wo nichts ist, da gibt es nichts zu verteilen.

Ist das dem Ehepartner gegenüber fair? Den Kindern gegenüber, die doch eigenes Fleisch und Blut sind? Natürlich, man kann ja die Enterbung aussprechen oder sie auf den halben Pflichtteil setzen. Wenn man das aber nicht tut oder es nicht gerechtfertigt wäre: Warum sollen die an sich Berechtigten dann dadurch bestraft werden, dass eben nichts mehr da ist, weil der Großteil des Eigentums schon zu Lebzeiten an irgendjemanden anderen übertragen wurde?

Genau das waren wohl die Gedanken des Gesetzgebers, der das Recht des Schenkungspflichtteils beschlossen hat. In diesem Fall wird fingiert – dieser juristische Fachbegriff bezeichnet eine Vorgehensweise, bei der getan wird, als sei etwas so und nicht anders –, das geschenkte Vermögen wäre zum Zeitpunkt des Todes noch im Nachlass vorhanden.

Am Beispiel unserer Helene: Hat also die Verstorbene in den letzten beiden Jahren vor ihrem Tod etwa eine Liegenschaft im Wert von über 1 Million Euro an eine gute Bekannte verschenkt, ist der Wert zum Zeitpunkt der Schenkung zu ermitteln.

Das wird dann – Immobilien-Sachverständige können das – hochgerechnet zum Todeszeitpunkt. Dieser Wert, beispielsweise 1,2 Millionen Euro, ist dann Bemessungsgrundlage. Davon steht dem Sohn der Schenkungspflichtteil zu. Wir haben das schon zuvor anhand von Fallbeispiel 4 ausführlich besprochen.

Gegenüber pflichtteilsberechtigten Personen können selbst Pflichtteilsberechtigte zeitlich unbeschränkt den Schenkungspflichtteil geltend machen. Auf Deutsch und nochmals: Habe ich etwa schon vor 20 Jahren meiner Ehefrau eine Liegenschaft geschenkt, können meine Kinder verlangen, dass dies berücksichtigt wird. Habe ich die Liegenschaft allerdings vier Jahre vor meinem Tod an eine flüchtige Liebschaft verschenkt, können die Kinder darauf nicht mehr zugreifen. Hier sind zwei Jahre die Schwelle.

Was wäre in diesem Fall sinnvoll gewesen? Wir müssen zwischen den Interessen der Verstorbenen und jenen des Sohnes unterscheiden:

1. Aus Sicht von Helene wäre es zunächst zu empfehlen gewesen, sich Gegenleistungen zu den Schenkungen einräumen zu lassen. Das ist möglich. Man kann Geschenke, die freigiebig erfolgen, unter Bedingungen setzen. Im letzten Schenkungsvertrag hat sie das auch getan, hier wurde die Verpflichtung zur Pflege und Betreuung festgehalten. Werden solche Bedingungen nicht eingehalten, können sie zwangsweise durchgesetzt oder die Schenkung sogar widerrufen, d. h. der Vorgang rückabgewickelt, werden.
2. Es mag sogar sein, dass die Interessen von Helene und die des Sohnes in die gleiche Richtung laufen. Jetzt können wir das nicht mehr beurteilen, weil Helene dazu nichts verfügt hat. Es gibt keinen letzten Willen, dem wir entnehmen könnten, was sie selbst wollte. Da sie aber zuletzt versucht hat, mit dem Sohn wieder Kontakt aufzunehmen, ist es durchaus wahrscheinlich, dass sie wollte, er möge mehr als bloß das hinterlassene Bargeld bekommen. In diesem Fall wäre es sinnvoll gewesen, diese Möglichkeit schon bei den Schenkungen zu berücksichtigen.
3. Jede Schenkung ist ein vertraglicher Vorgang. Normalerweise werden Schenkungsverträge, erst recht über Grund und Boden, bei einem Rechtsanwalt und/oder Notar gemacht. Ist einmal alles vollzogen und das Eigentum im Grundbuch eingetragen, ist der sprichwörtliche Zug abgefahren. Man kann dann, Ausnahmefälle ausgeschlossen, nicht mehr damit argumentieren, jetzt hätte sich alles geändert und man wolle doch noch eine andere Person, etwa

den eigenen Sohn, bedenken. Der Beschenkte wird dagegenhalten: Danke für das ehrenhafte Geschenk, aber – was geht mich der Sohn an? Dieser Einwand wäre rechtlich völlig berechtigt, auch wenn er vielleicht und in manchen Fällen moralisch anders bewertet werden könnte.

Deswegen ist es vor derartigen größeren Geschenkvorgängen wichtig, sich einen klaren Kopf zu verschaffen. ***Bin ich mir sicher?*** Will ich das nur jetzt so – und könnte ich das in einigen Jahren vielleicht anders sehen?

Von meiner Kanzlei waren bereits unzählige Prozesse zu führen, in denen beispielsweise wohlmeinende ältere Damen und Herren ihr gesamtes Eigentum an die nächste Generation übertragen haben, ohne sich allerdings über die Konsequenzen im Klaren zu sein. Ich habe nicht nur einmal gehört: „Hätte ich das gewusst!"

Natürlich gehe ich davon aus, dass Notare und Rechtsanwälte als Vertragsverfasser umfassend beraten. Aber ich stelle doch häufig fest, dass diese Beratung oft nicht in ihrem vollen Umfang verstanden worden ist. Wird etwa auf das Recht, die Schenkung zu widerrufen, ausdrücklich verzichtet, dann gilt das auch unwiderruflich.

Das ist leider nicht immer allen klar, die ihr Eigentum zu Lebzeiten übertragen. Dann häufen sich manchmal Bosheitsakte. Den Jüngeren, denen übergeben wurde, wäre es oft nur allzu recht, wenn *der* oder *die Alte* endlich ins Altersheim kommen würde. Die Übergeber wollen das aber nicht – sie wollen den Lebensabend zu Hause verbringen, das war doch die Grundlage für die Übergabe! Genau deswegen ist es so wichtig, sich die Sache einmal, noch einmal und schließlich noch einmal durch den Kopf gehen zu lassen, kompetente Beratung zu suchen und wirklich nur dann einen solchen Vertrag zu unterschreiben, wenn Kopf und Herz das nahelegen.

Fallbeispiel 8: Der Bauer, die Frau – und die erwartungsvollen Hoferben

Hier ist es die Unentschlossenheit des Erblassers, die seine Hinterbliebenen ratlos zurücklässt. Oder vielleicht ist es nicht einmal eine Unentschlossenheit, sondern eine innere Abneigung dagegen, etwas klar regeln zu wollen. Denn: Soll etwas geregelt werden, dann muss es geklärt werden. Eine Klärung setzt, weil es ja um Menschen geht, ein Gespräch voraus. Vielleicht hat sich Karl W. einfach nicht in der Lage dazu gesehen, sich mit allen an einen Tisch zu setzen? Vielleicht hat er gefürchtet, er würde jemanden vor den Kopf stoßen oder Unfrieden bewirken, wenn er das angesprochen hätte?

Vielleicht wollte er das aber auch gar nicht, weil er sich gedacht hat, hinter mir die Sintflut. Sollen die sich das doch selbst ausmachen, wenn es einmal so weit ist! Die gemeinschaftliche Arbeit funktioniert ohnehin so gut, warum sollen wir uns dann unter Druck setzen und irgendetwas regeln?

Wie auch immer, wir werden das nie genau wissen. Wir sehen nur, dass dieser Fall geradezu nach einer Einigung schreit. Natürlich können sich die Kinder als Erben wechselseitig zu überzeugen versuchen, warum jeweils sie selbst den Hof übernehmen sollten. Denn nach der gesetzlichen Grundlage, an die sie alle gebunden sind, kommt eine Aufteilung des Betriebs nicht infrage. Die Grundverkehrskommission würde nie zustimmen, dass die landwirtschaftlichen Flächen aufgeteilt werden und ein altehrwürdiger Betrieb auseinandergerissen wird. So bleibt nur übrig, dass einer aus dem Kreis der Kinder übernimmt und die anderen auszahlt.

Es mag sein, dass sich jemand dadurch benachteiligt fühlt, vor allem, wenn man meint, selbst der beste Betriebsführer zu sein oder dass die Übernahme durch ihn oder sie dem wahren Willen des Vaters entsprochen hätte. Oder Gedanken überwiegen, die uns hier schon oft begegnet sind, wie etwa, der Vater habe den Bruder oder die Schwester schon zu Lebzeiten immer bevorzugt und nun müsse Gerechtigkeit hergestellt werden.

Auch für derartige Differenzen hat die Rechtsordnung eine Lösung. In einem solchen Fall ist gerichtlich festzustellen, wem die Landwirtschaft übergeben wird und wer wie viel an wen auszuzahlen hat.

Nur: Solche Verfahren enden selten so, dass alle damit einverstanden sind. Und es ist zu Beginn oft unmöglich, seriös vorherzusagen, wie ein Verfahren enden wird, weil eben alles erst im Zuge des Verfahrens zu erheben ist.

Das alles hätte unser Erblasser vermeiden können, wenn er schon zu Lebzeiten Vorsorge getroffen hätte. Das hätte durch ein Testament geschehen können, noch viel zweckmäßiger allerdings durch Übergabe. Sie wissen schon: Die Familie kommt bei einem Rechtsanwalt und/oder Notar zusammen, um die Regelung als Übergabsvertrag in notarielle Form zu gießen. Die sogenannten weichenden Geschwister sind abzufinden und erklären ausdrücklich, mit der Übergabe an den anderen einverstanden zu sein. Das ist Rechtssicherheit. Das schafft Rechtsfrieden. Das verhindert oft jahrelange Streitigkeiten, die Vermögen vernichten und Familien entzweien.

Fallbeispiel 9: Der wohlmeinende Gentleman, der es allen recht machen will

Auch hier: Eine rechtlich unklare Regelung des letzten Willens führt dazu, dass die Hinterbliebenen ratlos dem Notar gegenübersitzen, der ihnen erklärt, dass alles reichlich kompliziert sei und man keine klare Aussage treffen könne. Der Verstorbene habe eben mehrere Testamente hinterlassen, von denen nicht sicher gesagt werden könne, welches nun gelte und welches nicht – ganz abgesehen davon, dass man überhaupt noch nicht wisse und vielleicht niemals herausfinden könnte, zu welchem

Zeitpunkt einige von diesen geschrieben und unterschrieben wurden.

Hier empfiehlt sich immer, überall und unter allen Umständen (weil das so wichtig ist, wiederhole ich das ausdrücklich, obwohl schon im Vorfeld festgestellt) klar, leserlich, dem Sinn nach gut verständlich, mit klarer Betitelung als „Testament", „Letzter Wille" oder „Vermächtnis" und unbedingt datiert zu verfügen. Allein das schon verhindert aufwendige Prozesse.

Erstmals aber anhand dieses Fallbeispiels haben wir uns mit der Frage der sogenannten ***Testierfähigkeit*** etwas eingehender auseinandergesetzt. Testierfähigkeit[32] bedeutet, rechtlich dazu in der Lage zu sein, seinen letzten Willen rechtswirksam zu verfügen. Das setzt voraus, verstehen zu können, den letzten Willen formulieren zu wollen und einen freien Willen bilden zu können.

Ein Wille ist nicht frei, wenn er durch Irrtum, unter Druck oder in einem Zustand geäußert wird, in dem der Verfasser nicht versteht, was er tut. Das kann etwa auf übermäßigen Alkoholgenuss zurückzuführen sein, Drogenrausch, extreme psychische Ausnahmezustände wie beispielsweise Angst – oder sogenannte Psychopathologien, also krankhafte Zustände. Oft ist das eine schon fortgeschrittene Demenz. Persönlichkeitsstörungen wie Borderline oder psychotische Krankheiten wie Paranoide Schizophrenie können den freien Willen ausschließen. Bipolare Störungen – früher als „manisch-depressive Zustände" bekannt – können ebenfalls dazu zählen.

In einem Gerichtsverfahren herausfinden zu müssen, in welchem Zustand die bereits verstorbene Person zum Zeitprunkt der Niederschrift des Testaments war, ist äußerst schwierig. Manchmal gelingt es überhaupt nicht.

Ich empfehle daher dringend, in einem solchen Fall raschestmöglich Beweise sicherzustellen. Ärztliche Dokumentationen etwa, sogenannte Krankengeschichten. Sind solche vorhanden, sollten sie unbedingt aufgehoben werden. Man könnte meinen, es wäre später im Verfahren kein Problem, diese vom Gericht bei Ärzten und Krankenanstalten anfordern zu lassen. Aber nein, so einfach ist das nicht: Denn die Persönlichkeitsrechte des Verstorbenen bestehen auch über dessen Tod fort, wie der Oberste Gerichtshof regelmäßig ausspricht.

Das kann bedeuten, dass keine Einsicht mehr in Krankenunterlagen gewährt wird. Und wie soll sonst nachgewiesen werden, dass der Erblasser zum Zeitpunkt der Testamentsverfassung geistig nicht mehr so klar und daher nicht testierfähig war?

Auch hier gilt: Unbedingt rechtliche Beratung beim Profi einholen! Erfahrene Erbrechtsanwälte wissen ganz genau, worauf es ankommt, und können Informationen auch verlässlich einschätzen. Das bedeutet natürlich nicht, dass sie den Gang des Verfahrens genau vorhersagen können. Es wäre unseriös, das zu behaupten. Aber sie erkennen doch die Risiken und Chancen und können Ihnen anhand ihrer Bewertung eine Entscheidungshilfe bieten.

Info

- ***Geschenke größeren Umfangs*** (über Geschenke zu Weihnachten und zum Geburtstag hinaus) bestmöglich dokumentieren, damit
- Pflichtteilsberechtigte den ***Schenkungspflichtteil*** geltend machen können.
- Solche Schenkungen ***nur nach ausführlicher Beratung*** und ***innerer Sicherheit*** machen.
- In Zweifel nicht auf das Recht des ***Widerrufs*** verzichten.
- Eigentümer bzw. Betriebsführer einer ***Landwirtschaft*** sollten sich unbedingt schon zu Lebzeiten überlegen, an wen der Betrieb übertragen werden soll.

- Andere Beteiligte nicht vergessen – ***rechtzeitig das Gespräch suchen***, sie einbinden und nach Möglichkeit deren Zustimmung erklären lassen.
- Bei ***Zweifeln an der Testierfähigkeit:***
  - Familie, Bekannte des Verstorbenen danach fragen.
  - Dokumentationen von Krankheiten, Behandlungen und dergleichen aufbewahren.
  - Gedächtnisprotokolle anfertigen und gut aufbewahren.
  - Und wie immer: Rat beim Profi suchen.

Ihr Erbe, Ihre Entscheidung – aber treffen Sie sie klug!

Wir haben auf diesem Streifzug durch das österreichische Erbrecht gesehen, dass nicht alle Verlassenschaften reibungslos verlaufen. Manchmal ist das auf eine Nachlässigkeit oder sogar einen Widerwillen des Erblassers zurückzuführen, der zu Lebzeiten nichts regeln wollte, obwohl das sinnvoll gewesen wäre, der vielleicht gar kein Testament hinterlassen hat – oder so viele letztwillige Verfügungen, dass sich die Hinterbliebenen nach seinem Tod die Haare raufen und niemand weiß, welcher Wille nun gelten soll.

Ich habe Ihnen die aus meiner Praxiserfahrung häufigsten und teilweise fatalsten Fehler dargestellt. Ich denke, die Praxisbeispiele waren manchmal wirklich tragisch und haben Sie Mitleid für so manchen Protagonisten empfinden lassen. Im Nachhinein ist guter Rat oft teuer – und manchmal gar nicht mehr zu bekommen.

Rechtzeitig vorzusorgen ist jedenfalls besser als nachträglich nachsorgen zu müssen. Rechtzeitig die Schienen für eine faire Lösung und vor allem eine solche, die Ihrem Willen entspricht, zu legen, ist allemal sinnvoller, als im Nachhinein Vermögen verschwinden, Familien zerbrechen – vielleicht sogar die eigene Existenz scheitern zu sehen.

Deswegen will ich Ihnen nun die aus meiner Sicht fünf wichtigsten Regeln ans Herz legen, die Sie bei Gestaltung Ihrer Vermögenssituation nach Ihrem Ableben berücksichtigen sollten.

Und da ich ein durchaus barocker, lebensmutiger und farbenfroher Mensch bin, nenne ich sie:

Die fünf goldenen Regeln für ein konfliktfreies Testament

1. Rechtzeitig planen

Nochmals: Vorsorge ist besser als Nachsorge. Das, was nach dem eigenen Tod bleiben soll, schon zu Lebzeiten zu regeln, muss im Zweifel immer den Vorrang davor haben, die Regelung den Nachkommen zu überlassen. Das stürzt diese, wie wir zuvor deutlich gesehen haben, nur allzu oft ins Unglück.

Rechtzeitige Planung setzt voraus, für sich zu wissen, was man wem vermachen will. Da es um Ihre eigene Hinterlassenschaft geht, sollten Sie hier auch das letzte Wort haben. Das letzte Wort steht aber nicht am Anfang. Das ist vielmehr der eigene Wille, und wenn der noch nicht sicher ist, dann sind es zumindest eigene Wunschvorstellungen.

Wir haben gesehen, dass es vor allem bei etwas komplizierteren Ausgangssituationen wie der Übergabe von Unternehmen oder Lebenswerken wie Landwirtschaften zu empfehlen ist, einen Vertrag auszuarbeiten, der die Übergabe regelt.

Das hat den Vorteil, dass die Erben dann nicht auf einen vielleicht missverständlichen oder gar ungültigen letzten Willen angewiesen sind, vor dem sie, beim Notar versammelt, oft verzweifeln, weil der Sinn nicht klar ist. Sie können dann ja nicht mehr befragt werden, weil alles, was von Ihnen geblieben ist, der Nachlass ist. Und eben das Stück Papier, das Rätsel aufgibt.

Ein weiterer Vorteil liegt darin, dass dadurch oft Streitigkeiten nach Ihrem Tod vermieden werden können. Unbedingt sollten alle, die theoretisch als Berechtigte infrage kommen, mit einbezogen werden. Der Klassiker ist eine landwirtschaftliche Übergabe: Ein Kind erhält den landschaftlichen Betrieb übertragen, die anderen werden ausbezahlt. Dann nämlich stellt sich die – fast immer hartnäckige – Frage nicht mehr, was der

Erblasser schon zu Lebzeiten an andere verschenkt hat und wie dies nun berücksichtigt werden soll.

Sie sollten daher, wenn es um die Regelung des Vermögens geht, nicht momentanen Launen wie etwa Ärger oder besonderer Freude, weil Sie z. B: ein Kind unerwartet beschenkt hat, nachgeben, sondern immer vor Augen haben, dass das Ihre einmalige Chance ist, die Zukunft nach Ihnen zu regeln.

Aus meiner Erfahrung ist es sinnvoll, wenn Sie sich solche Gedanken, die Ihnen gelegentlich kommen werden, klarmachen und schriftlich festhalten. Sie müssen nicht immer gleich ein neues Testament machen, aber es ist sicherlich zweckmäßig, wenn Sie nach einiger Zeit einen Blick auf diese Aufzeichnungen werfen und so in der Zeit zurückblicken können, um zu erkennen: Was habe ich mir damals gedacht? Was war meine Motivation, das so oder so regeln zu wollen? Durch diesen Rückblick können Sie sich deutlich machen, was ihre ursprüngliche Idee war, auch wenn Sie sich nach Jahren oder Jahrzehnten nicht mehr daran erinnern sollten. Das schafft eine breitere Basis für die Entscheidungsfindung.

Wenn Sie sich in Kopf und Herz klargemacht haben, in welche Richtung es Sie zieht, sind Sie bereit zum nächsten Schritt:

2. Kompetente Rechtsberatung einholen

Ich denke, Sie verstehen bereits, worauf ich hinauswill. Ich habe es ja oft genug wiederholt. Es kann Ihnen unschätzbare Dienste erweisen, wenn Sie mit Ihren Vorstellungen einen Erbrechtsprofi konfrontieren. Dieser wird Sie nicht nur darin unterstützen, Ihrem Willen zur Durchsetzung zu verhelfen, indem er mit Ihnen etwa ein Testament aufsetzt oder eine Übergabe plant, sondern Sie auch rechtlich umfassend beraten.

Vielleicht ist, was Ihnen vorschwebt, rechtlich gar nicht sinnvoll oder möglich? Sie wollen etwa Grund und Boden verschenken, ohne das im Grundbuch eintragen zu wollen, weil Sie sich die diesbezüglichen Gebühren sparen wollen? Keine gute Idee: Das Grundbuch ist ein öffentliches Register und das Vertrauen darauf ist geschützt. Wer da nicht drinsteht, aber behauptet, dennoch Eigentümer zu sein, muss das nachweisen. Und das kann reichlich schwierig sein, wie die Erfahrung jedes Profis zeigt.

Oder Sie haben wesentliche Aspekte vergessen, die unbedingt geregelt werden sollten? Sie denken beispielsweise daran, ein undankbares Kind zu enterben. Sie wissen bereits: Das ist rechtlich möglich. Aber es kommt in der Praxis tatsächlich darauf an, ob das dann nach Ihrem Tod auch nachgewiesen werden kann, sonst gilt diese Enterbung nicht.

Ein Profi wird Sie dahingehend beraten und Ihnen eine Entscheidungshilfe an die Hand geben, damit Sie hier keinen sich leicht fatal auswirkenden Fehler begehen.

Manchmal stellt sich beim Beratungsgespräch aber auch heraus, dass das, was Sie geplant haben, gar nicht das ist, was Sie wirklich wollen. Das habe ich nicht nur einmal, sondern schon oft erlebt: Jemand kommt mit einer fixen Vorstellung, wie etwas geregelt werden soll, in meine Kanzlei. Und nach Beratung stellt sich heraus, dass er das eigentlich gar nicht so will, sondern sich etwas anderes vorgestellt hat. Das ergibt sich im Beratungsgespräch. Deswegen sollte dafür auch eine gewisse Zeit eingeplant werden.

Viele denken, ich nehme einfach einmal die Rechtsschutzversicherung in Anspruch, um ein Beratungsgespräch beim Rechtsanwalt zu buchen. Beratungsgespräche, die von der Versicherung übernommen werden, erlauben aber nur die Besprechung einfacher, grundlegender Rechtsfragen, eine tiefgreifende Beratung wird oft darüber hinausgehen.

Deswegen empfehle ich, immer schon bei der Terminvereinbarung zu klären, ob für Sie diesbezüglich Zusatzkosten entstehen. Ich selbst handhabe es so, dass ich in aller Regel im Rahmen einer Rechtsberatung auch eine umfassende Beurteilung Ihres Anliegens vornehme. Das ist aber nicht immer möglich, vor allem dann, wenn die Situation komplex ist; deswegen ist es wichtig, das vorab zu klären. Jeder Kollege ist dankbar, wenn er bzw. seine Kanzlei schon im Vorfeld des Termins beurteilen kann, wie viel Zeit dafür einzuplanen ist – und Sie werden dafür dankbar sein, schon vorher zu wissen, ob Ihr Anliegen über die Rechtsschutzversicherung abgedeckt werden kann oder eine zusätzliche Investition notwendig ist.

Wie finden Sie die für Sie optimale Beratungsperson? Nun, der Schwerpunkt liegt auf *für Sie*. So wie jeder Mensch individuell ist und keiner dem anderen gleicht, so sind aus Sicht des Rechtsanwalts auch Mandanten individuell. Jeder hat persönliche Vorlieben, persönliche Vorstellungen – und nicht zuletzt auch eine eigene Art zu denken und zu kommunizieren.

Manchmal ist es auch das Äußere, das für Menschen entscheidend ist. Ich will ehrlich sein: Mein Aussehen gefällt sicherlich nicht allen. Manche finden mich zu unernst: lange Haare, langer Bartzopf, meistens ein verschmitzter Ausdruck auf dem Gesicht. Und unter meiner Berufskleidung – Tätowierungen! Nein, ein Aquaman ist nichts für mich, könnte sich dann mein Gegenüber denken.

Wie gesagt, jeder wie er will. Ich bekenne mich zu meiner Authentizität. Die ist aber nicht jedermanns Sache. Und das ist auch gut so, denn: Das mit Abstand Wichtigste im Verhältnis Mandant – Rechtsanwalt ist Vertrauen. Das unterstreiche ich hier nochmals ausdrücklich. Doch was ist die Basis des Vertrauens? Kompetenz? Ehrlichkeit? Handschlagqualität?

Das sind wesentliche Merkmale, keine Frage, aber dem Vertrauen voran geht die Kommunikation. Wer mit seinem eigenen Rechtsberater nicht kommunizieren kann und umgekehrt, hat hier wohl den falschen erwischt. Vertrauen können beide Seiten nämlich erst aufbauen, wenn sie einander verstehen. Sollten Sie daher beim Beratungsgespräch erkennen, dass Ihr

Gesprächspartner nur umständlich in vielleicht sogar lateinischen Fachworten spricht und zwar zweifellos kompetent ist, Sie aber nicht überzeugend über die Situation aufklären kann, dann könnte dieser für Sie vielleicht nicht optimal sein.

Stichwort Kompetenz: Juristen haben alle Rechtswissenschaften studiert. Im Rahmen dieses Studiums war der Bereich Erbrecht ein wesentlicher Anker des sogenannten Zivilrechts, das die Verhältnisse von Menschen untereinander regelt. Und ich kann garantieren, dass sich jeder Jurist damit auseinandersetzen musste. Es wird daher wohl keinen Juristen geben, der Rechtsberatung anbietet, der mit diesem Bereich noch nie zu tun hatte.

In einem speziellen Segment eine Ausbildung genossen zu haben, ist wichtig, muss aber letzten Endes für Sie nicht entscheidend sein, wenn Sie die richtige Beratungsstelle suchen. Für mich etwa gilt: Natürlich, ich habe mich im Studium auch mit dem Phänomen von Insolvenzen auseinandersetzen müssen, aber ich habe mich bemüht, diese Prüfung relativ rasch abzuhaken. Ganz ehrlich: Konkurse interessieren mich nicht sonderlich. Mir bereitet es keine Freude, immer und immer wieder Beträge durchrechnen zu müssen, um etwa auf die richtige Quote zu kommen. Genau das ist aber Voraussetzung für einen Juristen, um als Insolvenzverwalter tätig sein zu können. Ich wäre dafür mit Sicherheit der Falsche. Deswegen ist das kein Schwerpunkt von mir. Vielmehr gibt es Rechtsanwälte, die sich auf diesen Bereich spezialisiert haben, dort wären Sie viel besser aufgehoben.

Es kann daher nicht schaden, wenn Sie sich an einen Erbrechtsprofi wenden, der in dieser Sparte auch regelmäßig praktiziert. Doch wie finden Sie heraus, wer ein solcher Profi ist?

Ein Patentrezept dafür gibt es natürlich nicht. Manche Kollegen machen Werbung, andere gar nicht. Manche publizieren regelmäßig, andere niemals. Das sind selbstverständlich Indizien, von denen aus Sie auf eine besondere Schwerpunktneigung schließen können: Wer seine Kompetenz als Profi im Bereich Erbrecht bewirbt, wird wohl tatsächlich regelmäßig damit zu tun haben. Denn es wäre nicht unbedingt sinnvoll, wenn sich anlässlich Ihrer Vertretung herausstellt, dass er damit noch kaum jemals zu tun hatte.

Und wer sich regelmäßig auf diesem Gebiet fortbildet, hat auch fachlich etwas dazu zu sagen. Das sind daher oft Kollegen, die ihre Meinung in Aufsätzen, Medien – oder eben in Buchform – verbreiten.

Und wenn es Ihnen gelungen ist, vertrauensvolle Kompetenz an Ihrer Seite und einen Rechtsberater mit erbrechtlicher Kompetenz und Vertrauenswürdigkeit gefunden zu haben, dann sind Sie bestens gerüstet, um dieses glatte Parkett erfolgreich zu bewältigen. Nur derjenige rutscht aus, der keinen sicheren Halt hat. Sie gehören dann jedenfalls nicht dazu – Sie haben den Anker, der Ihnen den festen Tritt verleiht.

Eine Anmerkung noch zum Thema Notar oder Rechtsanwalt. Sie wissen: Gerade Notare sind in Verlassenschaftsangelegenheiten täglich tätig. Notare werden von den Bezirksgerichten bestellt, um als Gerichtskommissäre Verlassenschaften abzuhandeln. Man wendet sich an sie, um Testamente oder Übergaben zu formulieren und durchzuführen. Notare sind jedenfalls im Erbrecht beschlagen. Aus meiner Sicht ist es daher sicherlich kein Fehler, sich in Fragen betreffend Erbrecht an Notare zuwenden.

Aber ich muss doch eines anmerken: Anders als für Rechtsanwälte ist die Tätigkeit für Notare nach Abschluss der Verlassenschaft oft beendet. Was ich hiermit meine? Nun, Notare erheben, verwalten, informieren. Sie laden zur Verlassenschaftsabhandlung in die Amtskanzlei. Sie versuchen eine Einigung. Und wenn es die nicht gibt, leiten sie den Akt an das Gericht weiter. Dort ist dann über das bessere Recht zu streiten.

Dieser Rechtsstreit aber ist die Domäne der Rechtsanwälte. Wir sind es, die nach der sogenannten Einantwortung (wie Sie schon wissen, werden damit den Erben die Erbanteile durch das Gericht zugewiesen) über Pflichtteile prozessieren oder Schenkungspflichtteile geltend machen. Wir sind auch Profis, was die Bekämpfung fragwürdiger Testamente betrifft. Und Sie werden mir kaum glauben, welch wertvolle Dienste mir mein Psychologiestudium und meine Ausbildung als systemischer Coach hier leisten.

Erbrechtsprofis aus dem Rechtsanwaltsbereich führen solche Streitigkeiten jeden Tag. Ich selbst halte viel davon, das notwendige theoretische Wissen zu haben, um auf dem Parkett der Praxis – um im Bild zu bleiben – mittanzen zu können. Ich bilde mich daher permanent weiter. Theoretisches Wissen ist die Voraussetzung – Praxis der König. Denn der Praktiker weiß, wann welches Instrumentarium nicht nur theoretisch, sondern auch tatsächlich sinnvoll eingesetzt werden sollte – und wann eher davon Abstand genommen und eine Einigung gesucht werden sollte.

Mein Tipp: Oft sind die Homepages von Kollegen aussagekräftig, um Ihnen einen ersten Zugang zu ermöglichen. Oder Sie wenden sich an die Rechtsanwaltskammer, die auf der bundesweiten Internetpräsenz unter *www.oerak.at* eine Plattform eingerichtet hat, auf der Sie Rechtsanwälte nach den jeweiligen Tätigkeitsschwerpunkten suchen können. Wenn Sie mich dort übrigens eingeben sollten, lache ich Ihnen aus meinen frühen Dreißigern entgegen: Die Haare kürzer, der Bart bloß ein paar Tage alt – aber vor allem der Blick ist noch fast jugendlich, verglichen mit der aktuellen Schärfe ☺.

3. Klar und verständlich formulieren

„Ich, …, erkläre im Vollbesitz meiner geistigen Kräfte, ausgestattet mit der Gabe der Vernunft, unbeeinflusst und frei,

> nach reiflicher Überlegung und unter Berücksichtigung aller tatsächlichen theoretisch denkbaren Aspekte hiermit und endgültig meinen letzten Willen und beziehe mich dabei auf mein sämtliches Vermögen, welchen Namen es auch immer trage, wo es sich auch immer aufhalte, von mir oder anderen aufbewahrt worden sein oder werden sollte, und habe urkund dessen eigenhändig diese Verfügung im oben bezeichneten Zustande verfasst und erkläre in aller feierlichen Ernsthaftigkeit, die diesem Vorgang eignet, solches durch meine eigenhändige Unterschrift zu bekräftigen …"

Bitte lassen Sie so etwas bleiben! Das mag alles sehr gelehrt klingen, aber welchen Mehrwert bringt es Ihnen? Was spricht dagegen, etwa so zu formulieren:

> „Ich erkläre nun meinen letzten Willen. Ich setze als meine(n) Erben ein: …"

Der Sinn ist vollständig der Gleiche. Es ist nämlich nicht notwendig, im Testament auf vertrackteste Art und Weise festzuhalten, dass man das im Vollbesitz seiner geistigen Kräfte tut. Oder dass man alle nur denkbaren Eventualitäten berücksichtigt hat.

Im Gegenteil: Das lässt Raum für Interpretationen, die das nicht annehmen lassen könnten. So könnte es den Gedanken nahelegen, Sie hätten sich derartig schwierige Formulierungen aus verschiedenen Vorlagen aus dem Internet oder dergleichen zusammengebastelt. Und ich sehe hier schon den postwendenden Einwand eines kundigen Rechtsvertreters: Da war der Erblasser doch nicht ganz bei Sinnen. Denn wer würde in derart ausgesuchter Komplexität formulieren, wenn es doch viel einfacher ginge?

Ein Testament muss klar und verständlich formuliert sein. Das ist die absolute Grundbedingung. Niemand kann mit einem letzten Willen etwas anfangen, der vielleicht in der Tradition eines Heinrich von Kleist extrem lange und verschachtelte Sätze formuliert, sich einer inversen Syntax bedient, andauernd sogenannte rhetorische Figuren und Hypotaxen einbaut und bei aller Liebe – Kleist war auch Jurist (was vielleicht einiges erklären könnte) – höchste Konzentration erfordert, um den Inhalt erfassen zu können.

Klarheit bedeutet in aller Regel: Einfachheit. Verwenden Sie daher einfache deutsche Sprache. Vermeiden Sie in sich verschachtelte Satzkonstruktionen, bei denen der Leser nur mühsam den Ausweg aus dem Labyrinth der Buchstaben findet.

Investieren Sie Ihr Gehirnschmalz lieber darin, sich genau zu überlegen, was Sie wem vergönnen – und was wem nicht. Das ist entscheidend, das soll doch von Ihnen bleiben. Und kein blumiges Kauderwelsch, das im besten Falle amüsiert – und im schlechtesten unwirksam ist.

Hier gern mein Vorschlag zur Formulierung eines Testaments. Sie sind natürlich in der Formulierung völlig frei, es empfiehlt sich aber, bei Bedarf entsprechende Bausteine dem Sinn nach zu übernehmen. Und ausdrücklich nochmals: Dieser Vorschlag – wie das gesamte Buch – kann niemals im Einzelfall kompetente Rechtsberatung ersetzen!

„Ich, …, erkläre nachstehenden

Letzten Willen:

1. Zu meinem Alleinerben meines gesamten Vermögens setze ich ein: [Namen, Geburtsdatum, Adresse]. *Alternativ:*
2. Folgende Personen sollen als meine Erben folgende Quoten meines gesamten Vermögens bekommen: [Name, Geburtsdatum, Adresse, zur Hälfte, zu einem Drittel, zu einem Viertel …]
3. Diese Personen haben von mir folgende Geschenke bekommen: [Name, Geburtsdatum, Adresse, Datum, Umfang/Inhalt und Wert der Schenkung].

4. Ich enterbe ausdrücklich: [Name, Geburtsdatum, Adresse – Grund der Enterbung, ausführlich begründen und Nachweise dafür benennen].
5. Ich setze auf den halben Pflichtteil: [Siehe Pkt. 4.].

Ich habe diese Verfügung eigenhändig geschrieben und unterschreibe sie nun.
Nur diese stellt meinen letzten Willen dar.
…, am …

Und eines sollte sich natürlich von selbst verstehen: Schreiben Sie bitte leserlich!

Wer Hieroglyphen nicht entziffern kann, kann mit dem bestgemeinten Testament nichts anfangen. Der letzte Wille kann nur dann erfolgreich sein, wenn man ihn lesen kann. Denn genau das wollen Sie ja: dass Ihre Vorstellungen auch über den Tod hinaus gelten sollen.

Noch ein paar Tipps aus der Praxis, die in der Bedeutsamkeit weiter hinten angesiedelt sind, aber dennoch nach Möglichkeit beachtet werden sollten (man weiß ja nie):

- Schreiben Sie das eigenhändige Testament durchgehend mit einem Stift. Ob mit Kugelschreiber, Füllfeder oder Filzstift, ist mehr oder weniger egal. Sie sollten allerdings bedenken, dass Tinte und gewisse Füllmischungen durch Korrekturstifte oder dergleichen korrigiert werden können. Ich empfehle daher, im Zweifel einen nicht korrekturfähigen Kugelschreiber zu verwenden. Und bitte: Verwenden Sie keinen Bleistift! Wir wollen doch nicht, dass nachher jemand behauptet, Sie hätten das Testament nicht zur Gänze in dieser Form selbst geschrieben.
- Verwenden Sie ein Blatt Papier und beschreiben Sie, wenn nötig, Vorder- und Rückseite. Wenn mehrere Blätter erforderlich sein sollten: Greifen Sie auf ein größeres For-

mat, etwa A3, zurück. Bei Verwendung nur eines Blattes gibt es keine Diskussion, die sich bei mehreren zwangsläufig stellt: Gehören diese Seiten zusammen? Wurden sie tatsächlich gleichzeitig geschrieben? Oder wurde etwas ausgetauscht/nachgereicht?

- Verwenden Sie aktuelles Papier. Das klingt vielleicht absurd, aber ich meine das ernst. Bei manchen Erbstreitigkeiten wird infrage gestellt, wann der letzte Wille geschrieben wurde. Besonders findige Profis könnten auf die Idee kommen, das Papier chemisch auf sein Alter untersuchen zu lassen. Ich behaupte nicht, dass das Testament, wenn die Datierung strittig ist, es aber sonst korrekt verfasst ist und mit dem richtigen Datum versehen wurde, ungültig sein würde; aber es eröffnet eine zusätzliche mögliche Front, die alles aufblähen könnte. Denn: Ein Testament, geschrieben und unterschrieben 2025 auf einem Blatt von einem alten Block aus den Neunzigerjahren – das könnte Fragen aufwerfen, die Sie sicherlich nicht thematisieren wollen. Und ich habe noch nicht einmal davon gesprochen, wie teuer chemische Gutachten, die zu den kostenintensivsten zählen, sind.
- Geben Sie das Testament, wenn Sie dieses selbst aufbewahren wollen, in eine wasserdichte Hülle. Glauben Sie mir, ich habe schon alles erlebt: Testamente, die durch eine Überschwemmung unleserlich wurden; solche, die durch Fettflecken kaum mehr zu entziffern waren; letztwillige Verfügungen, die versehentlich für Papiermüll gehalten und mit alten Tageszeitungen entsorgt wurden. Und der Ort der Aufbewahrung sollte aus verständlichen Gründen sicher sein. Daher nochmals: Ich empfehle dringend die Einspeisung in das öffentliche Testamentsregister.

4. Verlässliche Aufbewahrung

Nun also haben Sie ein hoffentlich gültiges, klar formuliertes, gut nachvollziehbares Testament in Händen, das Sie Ihrer Nachwelt überlassen wollen. Nun müssen wir daran denken, sicherzustellen, dass es im Falle Ihres Todes auch auftaucht.

In einem Gutteil der Fälle, die ich betreue, wird von einer Seite thematisiert, dass es doch (noch) ein Testament gegeben haben muss. Der Verstorbene habe doch immer davon erzählt, alle wissen Bescheid. Oder vielleicht haben manche Hinterbliebene sogar den Inhalt mit ihm besprochen, vielleicht das Testament sogar gesehen. Und nun: unauffindbar! Hat er es selbst noch zu Lebzeiten vernichtet, weil er doch nicht so verfügen wollte? Ist es schlicht verloren gegangen und nicht mehr zu finden? Oder – das wird oft unterstellt – wird das Testament unterdrückt? Hat es jemand tatsächlich in seiner Verfügungsmacht, rückt es aber nicht heraus, weil es vielleicht für die eigene Position doch nicht so vorteilhaft ist?

Hier gibt es kein Herumreden. Das wäre natürlich strafbar. Urkundenunterdrückung nennt sich dieses Delikt, das das österreichische Strafgesetzbuch in § 229 unter Strafe stellt:

> „Wer eine Urkunde, über die er nicht oder nicht allein verfügen darf, vernichtet, beschädigt oder unterdrückt, ist, wenn er mit dem Vorsatz handelt, zu verhindern, dass sie im Rechtsverkehr zum Beweis eines Rechtes, eines Rechtsverhältnisses oder einer Tatsache gebraucht werde, mit Freiheitsstrafe bis zu einem Jahr oder mit Geldstrafe bis zu 720 Tagessätzen zu bestrafen."

Nicht unbedingt ein Kavaliersdelikt, oder? Und doch beschäftigt genau diese Frage Notare, Rechtsanwälte und Gerichte jeden Tag.

Eine aussagekräftige Statistik gibt es dazu nicht. Wie denn auch – wir wissen ja nicht mit Sicherheit, ob es erstens tatsächlich überhaupt ein Testament gegeben hat; und selbst wenn, dann zweitens, ob der Verfasser es nicht doch selbst vernichten wollte und zerstört hat; oder ob es sich drittens derzeit in anderen Händen befindet und wer es hat; und viertens, ob der Betreffende das selbst überhaupt weiß. Es könnte sich vielleicht versteckt unter anderen Urkunden, Wertgegenständen oder selbst im Gerümpel befinden, das der Erblasser einmal irgendwo gelagert hat.

Meine Erfahrung zeigt, dass eine tatsächlich bewusste Unterdrückung eines Testaments nur sehr selten nachgewiesen werden kann. Gerichtliche Verurteilungen aufgrund dieses Fehlverhaltens folgen noch seltener.

Ich empfehle daher unbedingt, für eine verlässliche Aufbewahrung zu sorgen. Und bitte bedenken Sie: Eine Vertrauensperson muss das nicht bis zum Lebensende bleiben. Und schon gar nicht über den Tod hinaus. Ehepartner streiten und trennen sich. Generationen verstehen sich nicht mehr und brechen den Kontakt ab. Oder die Wechselfälle des Lebens entzweien, lassen Vertrauensverhältnisse im Sand verlaufen und bilden neue Verknüpfungen.

Relativ sicher ist ein Bankschließfach. Aber auch hier besteht ein Risiko. Wird das Testament nämlich in einem Bankinstitut deponiert, zu dem sonst keine Vertragsbeziehung wie etwa Konten, Sparbücher oder dergleichen besteht, könnte es unberücksichtigt bleiben. Notare und Gerichte machen nämlich nach einem Todesfall keine routinemäßige Abfrage bei allen Bankinstituten, wie oft gemeint wird. Um Auskunft gebeten werden nur jene Institute, von denen bekannt ist, dass zu ihnen eine Geschäftsbeziehung bestand. Mit anderen Worten: Was nirgends aufscheint, bleibt unter dem Radar.

Und auch wenn die aufbewahrende Stelle wohl selbst irgendwann einmal bemerken dürfte, dass da etwas passiert sein muss – etwa weil die laufenden Gebühren nicht mehr bezahlt werden –, heißt das noch nicht mit Sicherheit, dass das Testament dann auch wirklich auftaucht.

Höchste Sicherheit bietet das Testamentsregister, in das Sie Testamente gegen eine geringe Gebühr einspeisen können. Viele Rechtsanwälte und praktisch alle Notare bieten diesen Service an. Hier zu sparen, wäre aus meiner Sicht der falsche Zugang. Und seien Sie unbesorgt: Ein einmal dort deponiertes Testament kann natürlich jederzeit wieder abgeändert (oder auch herausgenommen und vernichtet) werden.

Die Einspeisung in das Register erfordert nicht, dass Sie das gesamte Testament beim Notar oder Rechtsanwaltskollegen machen müssen. Das ist eine Möglichkeit, darüber befinden Sie aber selbst. Es ist nicht einmal notwendig, dass Sie dort eine Beratung in Anspruch nehmen. Sie kennen nun schon meine Meinung, mit der ich Sie alle paar Seiten immer wieder verfolge: Im Zweifel lieber eine Rechtsberatung zu viel in Anspruch nehmen als eine zu wenig. Doch wenn Sie sich Klarheit verschafft, das Testament nach Ihrem Willen klar und verständlich formuliert, eigenhändig leserlich geschrieben und unterschrieben haben – was spricht dagegen, es zur Sicherheit auch hochzuladen?

So weit, so gut. Es folgt also last, but not least:

5. Vergessen Sie nicht auf die „Psychologie des Erbens"

Wir haben im Verlaufe dieses Buches, und vor allem im so bezeichneten Kapitel, gesehen, dass es beim Erben nicht nur um rechtliche Fragestellungen geht. Erben heißt vor allem auch: aus dem Jenseits Einfluss auf die Nachkommenschaft zu nehmen.

Es griffe viel zu kurz, würden wir unsere Beziehungen ausschließlich mit juristischen Augen betrachten. Ja, das Recht regelt das menschliche Zusammenleben. Das Recht maßt sich an, über Normen der Moral („Was sollte man tun?") oder Sitte („Was tun alle?") hinaus zu gelten. Es kann nicht sein, dass der Wille eines Menschen mehr bedeutet als das Wohl aller.

Und doch ist es zumindest auf den ersten Blick im Bereich letztwilliger Verfügungen und Verlassenschaften genau so: Die Verlassenschaft ist das, was vom Verstorbenen bleibt. Wer das bekommt, ist nach geltendem Recht zu entscheiden. Ansprüche müssen daher auch auf Grundlage des Rechts geltend gemacht oder abgewehrt werden.

Tod bedeutet immer Verlust. Ein menschliches Leben geht verloren, ein Glied fehlt der Gesellschaft. Umso mehr fehlt dieses wichtige Leben denjenigen, die den/die Verstorbene/n einmal geliebt haben. Vor allem der Familie. Und wie wir gesehen haben, löst dies bei den Hinterbliebenen eine Reihe von Erwartungen, Hoffnungen und Befürchtungen aus.

Wer vererben will, tut gut daran, das zu berücksichtigen. Selten will jemand unter seinen Nachkommen Zwietracht säen; viel häufiger will er für Harmonie, Geborgenheit, Frieden und finanzielle Absicherung sorgen. Doch manchmal reichen die besten Absichten nicht aus, um das auch in die Tat umzusetzen.

Wer diese mental-emotionale Einbettung berücksichtigt, kann Sicherheit schaffen.

Wann Sie professionelle Hilfe in Anspruch nehmen sollten

Klare Antwort: Jederzeit

Wer daran denkt, sein Vermögen zu übertragen, sollte im eigenen Interesse frühzeitig einen Erbrechtsprofi konsultieren. Auch wer in einem Testament bedacht wird, sollte sich nicht scheuen, sich an einen solchen zu wenden. Und wer sich durch eine letztwillige Verfügung benachteiligt sieht, sollte nicht allzu lange warten, sondern rasch professionelle rechtliche Beratung einholen.

Lebenszeit hat ein Ablaufdatum. Daher ist die Zeit auch ein wichtiger Faktor, der unser Leben bestimmt. Das gilt umso mehr beim Vererben und Erben. Ein Testament will rechtzeitig erstellt sein, damit es überhaupt gelten kann. Wer Ansprüche durchsetzen möchte, sollte die Rechtslage rasch klären, um kompetent entscheiden zu können, was weiter zu tun ist. Wer Ansprüche abwehren will, wird wohl noch dringender auf rechtliche Hilfe angewiesen sein.

Ist nämlich einmal wertvolle Zeit verstrichen, kann das bedeutende Nachteile nach sich ziehen. Ist aus der Verlassenschaft heraus erst einmal etwa ein Haus verkauft worden, ist es weg. Dann macht es keinen Sinn mehr, mit den anderen Erben zu diskutieren, ob man ihnen die Anteile nicht vielleicht billig ablösen kann. Der Käufer wird kein Interesse daran haben, das Erworbene günstig an jemanden herauszugeben, der genug Zeit hatte, seine eigenen Vorstellungen zu klären. Hier bedeutet Zeit wertvolles Geld.

Rechtsberatungen sind nicht teuer, können aber immens viel wert sein. Oft werden Beratungen von der Rechtsschutzversicherung übernommen. Das Einzige, was Sie in eine solche kompetente Hilfestellung investieren müssen, ist Zeit. Eine halbe Stunde, vielleicht eine Stunde Ihrer Lebenszeit. Das ist aber Zeit, die Sie an anderer Stelle hundertfach einsparen können – nicht zu vergessen die oft Tausenden Euro, die Ihnen kompetente Beratung erspart oder sichert.

Zögern Sie daher nicht, sich bei Bedarf an einen Erbrechtsprofi zu wenden. Wir stehen Ihnen mit Sachverstand, Power und Vertrauenswürdigkeit zur Seite.

Ein Blick in die Zukunft des Erbens

Wir befinden uns in einem Umbruch. Wir als Individuen. Wir als Staaten. Wir als Menschheitsfamilie.

Wir bekommen das tagtäglich mit. Kaum mehr können wir mit den internationalen Entwicklungen Schritt halten, die doch über unsere Zukunft bestimmen und denen wir so wenig entgegensetzen können, wie es scheint: Welche neue groteske Idee ist Donald Trump nun wieder gekommen? Welcher Kriegsschauplatz in Europa ist der nächste? Welchen Kipppunkt hat die Klimakatastrophe wieder einmal erreicht oder überschritten? Und wie lange ist – wenn überhaupt – ein Turnaround noch möglich?

Allein die Technik macht Sprünge, die wir nicht mehr nachvollziehen können. Die Künstliche Intelligenz verblüfft uns Tag für Tag aufs Neue. Vor allem die USA und China liefern sich ein atemberaubendes Wettrennen um die weltweite Vorherrschaft – gänzlich frei von irgendwelchen Regulierungen, der KI wird freier Lauf gelassen.

Wie haben es weise Köpfe schon vor Jahrzehnten formuliert? Die Technik macht Fortschritte, die unsere Moral nie und nimmer einholen kann.[33] Ja, so scheint es.

Für mich daher Grund genug, zwei Visionen zu entwickeln. Ich weiß, wer Visionen hat, sollte einen Arzt aufsuchen. Dieses Zitat, das einmal dem greisen vormaligen deutschen Bundeskanzler Helmut Schmidt und ein anderes Mal seinem späteren österreichischen Kollegen Franz Vranitzky in den Mund gelegt wird, kennen wir alle. Aber ist es richtig?

Einerlei. Ich will es versuchen. Ich will auf den folgenden Seiten zwei Szenarien schildern, die ich mit Blick auf 2050 für durchaus realistisch halte. Mir ist leider nicht die Gabe gegeben, in die Zukunft zu blicken, und noch weniger habe ich eine Glaskugel, die mir das erlauben würde. Aber ich denke doch, dass es sinnvoll sein kann, mit aktuellem Wissen und unter Berücksichtigung der technologischen Fortschritte, die uns links und rechts überholen, mögliche Szenarien zu entwerfen, deren Grundrisse sich schon am Horizont abzuzeichnen scheinen.

Zwei Varianten – zwei Zukünfte. Eine positiv, eine negativ. Eine Utopie daher – und eine Dystopie.

Die Zukunft des Erbens – wie könnte sie aussehen?

Erben in Harmonie – HeirBalance

Die Künstliche Intelligenz hat sich nun fest in unserem Alltag etabliert. Die ursprünglichen *Large Language Models*, die wir derzeit im Alltagsgebrauch als KI bezeichnen und die auf Namen wie ChatGPD, Grok, Gemini, Perplexity, Claude und viele mehr lauten, sind unsere täglichen Begleiter geworden.

Über 3D-Brillen und andere Schnittstellen erlauben wir ihnen, direkt in unser System einzusteigen; wir behalten jedoch die letzte Kontrolle. Diese Agenten unterstützen uns, kontrollieren uns aber nicht.

Ein findiger Diensteanbieter aus dem Silicon Valley hat ein Programm entwickelt, das die Vorteile aus dieser Kopplung maximiert. *HeirBalance*, so der Produktname (zusammengesetzt aus den englischen Worten für Erbe [*heir*] und Ausgewogenheit [*Balance*]), verspricht die KI-unterstützte Testamentserstellung und wirbt dafür, den eigenen Willen optimal umzusetzen.

Die Besonderheit liegt darin, dass die Applikation auch Einblick in die eigenen unbewussten Gedanken erhält und so einen Überblick über sämtliche Aspekte bekommt, die einer sinnvollen Testamentsgestaltung zugrunde liegen sollten. Die Psychodynamiken, die sich in jeder Familie abspielen und einander manchmal ähneln, manchmal aber völlig einzigartig zu sein scheinen, sind, wie wir wissen, wichtig. Sie sind der Nährboden für Streit, aber auch die Grundlage für Harmonie.

Daneben bietet diese Anwendung auch absolute Sicherheit dafür, den letzten Willen verlässlich aufzubewahren. Sie speichert letztwillige Verfügungen nämlich in eine Blockchain. Dort erfolgen Einträge chronologisch. Da auf den einen Eintrag sofort der nächste folgt und rückwirkend nicht mehr in die Abfolge eingegriffen werden kann, sind Inhalt und Zeitsignatur der Einspeisung für immer und ewig gesichert. Irrtümer sind ausgeschlossen. Bei Veränderungen der Lebenssituation, die eine Anpassung des letzten Willens erforderlich machen, wie etwa bei Geburt von Kindern, Ehescheidung oder Tod naher Angehöriger, macht die App von selbst darauf aufmerksam – und schlägt eine sinnvolle Anpassung vor.

In unserer Zeit kommt es oft darauf an, den sogenannten hypothetischen Willen des Erblassers zu ermitteln: Was könnte dieser mit einer gewissen Wendung gemeint haben, was hätte er sinnvollerweise verfügt? Derzeit sind wir hier auf die Wahrheitsfindung durch die Gerichte angewiesen. Gerichte aber können irren.

Die Künstliche Intelligenz kann das auch, allerdings ist sie doch wesentlich treffsicherer, weil sie über das gesamte biografische Wissen der Person verfügt. Gerichte werden das niemals, weil Menschen auch mit den theoretisch denkbar besten technischen Hilfen niemals in den Kopf einer anderen Person werden blicken können. Menschliche Urteile werden daher immer fehlbar sein müssen, weil uns eben nur ein kleiner Einblick in das Gesamte möglich ist. Die Künstliche Intelligenz, die auf den umfassenden Fundus der Lebensinformation zurückgreifen kann, ist das nicht prinzipiell.

Als besonderen Bonus bietet die App auch ein Wiedersehen mit dem Verstorbenen an: Wenn gewünscht, bleibt die gesamte aufgezeichnete Lebensinformation gesichert. Auf dieser Basis kann dann der Algorithmus ein Hologramm entwickeln: Der Mensch, ausgestattet mit allem Wissen, allen Eigenheiten – so sehr gleicht das Hologramm dem Verstorbenen aufs Haar –, kehrt wieder und kann sich erklären. Vor allem kann er dann selbst aufklären, was er warum wie geregelt hat.

Die Algorithmen sind nicht allwissend. Sie können das niemals sein. Aber sie bedienen sich des Quantencomputings: Diese überragende Technologie erlaubt es, gleichzeitig eine fast unendliche, jedenfalls unvorstellbare Anzahl von Rechenschritten zu vollziehen. Die hier versammelte Intelligenz geht teilweise deutlich über die menschliche hinaus, weil wir durch unsere Hardware – Nervenzellen und Schnittstellen, vor allem im Gehirn – beschränkt sind.

Die Künstliche Intelligenz ist das nicht. Sie macht daher schon frühzeitig auf Möglichkeiten der Rechtsdurchsetzung und Rechtsabwehr aufmerksam. Vor allem kann das der Erblasser schon bei der Gestaltung des Testaments berücksichtigen. In den Vorzug dieser Unterstützung kommen aber auch Nachkommen, die für den Zugang zu diesem Algorithmus zu zahlen bereit sind.

KI-unterstützte automatisierte Mediation hilft, Streitigkeiten zu vermeiden. Auch hier kommt den Hinterbliebenen zugute, dass der Algorithmus nicht nur die Gedankenwelt des Verstorbenen genauestens kennt, sondern auch einen umfassenden Überblick über das Erbrecht und die damit in Zusammenhang stehenden psychologisch bedeutenden Aspekte hat.

Und dennoch gibt es immer einen menschlichen Faktor. Auch wenn der Algorithmus mit uns holografisch kommunizieren kann und wir eine Ansprechperson unmittelbar vor Augen haben, brauchen wir echte menschliche Zuwendung. Das

Berufsbild des Rechtsanwalts wie des Notars hat sich daher deutlich gewandelt. Der bloße Rechtsdienstleister ist Vergangenheit – die Betreuung ist nun umfassender geworden. Ein wesentlicher Schwerpunkt ist das Coaching. Sowohl derjenige, der die Vermögensübergabe plant oder ein Testament erstellen will, als auch diejenigen, die davon betroffen sind, nehmen das dankbar in Anspruch. Coaching sorgt für Sicherheit. Sicherheit bedeutet: Zuversicht. Und das alles ermöglicht die bestmögliche Lösung.

Auch das Recht hat sich den geänderten Voraussetzungen anpassen müssen. Wie immer zieht das Recht tatsächlichen Entwicklungen nach. Das Erbrecht selbst ist hier ein gutes Beispiel: Erst vor wenigen Jahren (ich spreche nun von unserer Gegenwart) wurde die Situation von Lebensgefährten verbessert. Sie haben noch immer kein gesetzliches Pflichtteilsrecht, können aber zumindest – wenn keine anderen Personen in Betracht kommen – das Erbe antreten. Bis dahin galt noch immer das biedermeierliche Familienmodell aus dem 19. Jahrhundert: Vater – Mutter – Kind. Blutsverwandtschaft und verheiratet. Alles andere bleibt unberücksichtigt.

Springen wir zurück in die Zukunft: Die Errungenschaften im Zusammenhang mit der KI wurden schon jahrelang gleichsam im rechtlichen Graubereich genützt, nun allerdings ausdrücklich zulässig und geregelt.

Es gibt nun kein Entweder-Oder mehr im Zusammenhang mit letztwilligen Verfügungen. Alles ist fließender geworden, es wurde die Möglichkeit modularer Testamente geschaffen. Das sind solche, die auf gewisse Lebensspannen Rücksicht nehmen. Ein Testament in der unverheirateten Jugend hat eine andere Bedeutung und will etwas anderes regeln als ein solches im späten Erwachsenenalter, wenn einem bereits Enkelkinder zuwinken.

So bietet die KI auch an, Vermögensübertragung bereits zu Lebzeiten zum jeweils optimalen Zeitpunkt durchzuführen.

Auch das ist ein fließender Prozess. Die Zeiten, als die gesamte Familie feierlich ein Notariat aufsuchte, um dort einen entsprechenden Notariatsakt zu unterschreiben, sind endgültig vorbei. Hier ist es ebenfalls der digitale Partner, der für alle Beteiligten das Optimum garantiert.

Der Siegeszug der KI war auch international nicht aufzuhalten. Die Idee von streng abgeschotteten Staaten ist schon längst überholt. Nicht nur weltpolitische, sondern auch bürokratische Entscheidungen auf Nachbarschaftsebene werden nun durch KI unterstützt und umgesetzt. Internationale Steuergerechtigkeit ist kein Fremdwort mehr, vielmehr sorgt die KI für weltweit angemessene Umsetzung des letzten Willens.

Neue Formen von Besitz und Eigentum sind herangewachsen. Unser heutiges System aus Eigentum, mit dem ich als Eigentümer machen kann, was immer ich will, und Besitz, den ich nützen kann, der aber jemandem anderen gehört, ist überholt. Nutzungsrechte sind der Kern des zukünftigen Denkens, nicht verstaubtes Eigentum. Das erlaubt, seiner eigenen Bezugsgruppe – das kann die Kernfamilie sein, kann aber auch darüber hinausreichen – einen fixen Nutzungsstock zur Verfügung zu stellen, der über Generationen bestehen kann. Jeder kann über seinen Anteil frei verfügen, sofern er nicht andere schädigt. Der Wert der Gemeinschaft wird in Zukunft viel tiefer, viel ehrlicher empfunden als jemals in den Jahrhunderten zuvor.

Erben wird daher grundsätzlich als gesellschaftlich verantwortungsvoll betrachtet. Was vererbt wird, ist in Generationen gewachsen. Es wird anerkannt, dass das nicht ausschließlich Familienmitgliedern oder nur Einzelnen zustehen kann, die der Verstorbene sich aus welchen Gründen auch immer ausgewählt hat. Soziales Engagement ist selbstverständlich, jeder Todesfall ist ein Verlust für die Gemeinschaft, finanziell aber ein Gewinn für alle.

Der Umgang in der Gesellschaft miteinander wird herzlicher. Der Tod wird als Faktum in jedem menschlichen Leben akzeptiert und nicht mehr totgeschwiegen. Auch wenn jeder Tod Schmerz bereitet, so gilt doch, das nun ausgelöschte Leben hochleben zu lassen. Begräbnisse sind keine Trauerfeiern mehr, sondern eher Hochzeitsfesten vergleichbar. Jeder Sozialverband entwickelt seine eigenen Rituale und Zeremonien.

Das uns bekannte Pflichtteilsrecht mit seinen starren Quoten ist längst Vergangenheit. Der Versorgungsgedanke, der uns in den letzten Jahrhunderten begleitet hat, hat sich gewandelt. Die Welt ist eine gerechtere geworden. Niemand bleibt mehr zurück, niemand ist daher existenziell auf Erbschaften angewiesen.

Erbquoten nehmen nun, wenn sie nicht allein auf dem letzten Willen beruhen, eine dynamische Form an. Sie berücksichtigen die jeweilige Lebenssituation der Hinterbliebenen. Wer momentan mehr benötigt, bekommt auch mehr zugesprochen; angepasste interne Ausgleichsmöglichkeiten im Bereich der Erben erlauben Flexibilität.

Erbstreitigkeiten sind nun nicht mehr nur die Ausnahme, sondern praktisch ausgeschlossen. Das Leben in einer Menschheitsfamilie mit dem Bewusstsein, dass blanker Egoismus nicht nur niemandem hilft, sondern auch einem selbst schadet, macht solche Auseinandersetzungen überflüssig. Zudem haben die Algorithmen vorgesorgt, alle möglichen Eventualitäten bereits frühzeitig zu bedenken.

Erben bedeutet daher nun: Sicherheit. Frieden. Harmonie.

Erben ist Terror – LegacySword

Auch hier finden wir uns im Jahr 2050 wieder. Auch hier war der Fortschritt der Künstlichen Intelligenz nicht aufzuhalten, auch hier dominiert sie weite Lebensbereiche.

In diesem Paralleluniversum aber hat sich die Macht der Algorithmen vom menschlichen Willen entkoppelt. Die USA und China hatten sich ein Wettrennen um die weltweite Dominanz auf diesem Gebiet geliefert. Ein klarer Gewinner ist nicht auszumachen – ein Verlierer aber jedenfalls: das menschliche Leben.

Dieses hat nämlich keinen Wert mehr *an sich,* im Gegensatz zu dem, was uns die Weltreligionen und die großen philosophischen Strömungen der Jahrtausende gelehrt haben. Menschliches Leben ist nun eine bloße Ressource, ein bloßer Kapitalfaktor. Eine Vision ist nun fast Wirklichkeit geworden: Wir scheinen in einer Matrix zu leben, in der es auf unseren Willen nicht ankommt; frei ist dieser schon lange nicht mehr. Wir können nun aber nicht wie der Held des gleichnamigen Kinofilms aus 1999[34], Neo, zwischen zwei Pillen wählen, die uns die Wahl zwischen der Realität (die einem die rote Pille schenkt) und der beruhigenden Fantasie (sichergestellt durch Einnahme der blauen Pille) lassen. Wir sind auf das Leben in der Matrix angewiesen, weil unser ganzes Denken durch diese beschränkt wird.

Und doch spielen wir noch das Spiel, das uns Erzählungen aus der Vergangenheit erlauben. Wir tun so, als hätten wir einen freien Willen. Als gäbe es irgendetwas, das wir noch beeinflussen könnten.

Der Bereich des Erbens gehört zu diesem verbleibenden Rest vorgeblicher Selbstbestimmung. Noch immer verfassen wir Testamente und verlassen uns darauf, dass diese irgendetwas rechtsgültig regeln können.

Wer allerdings ruchlos ist, den braucht das nicht zu kümmern. Für wenig Geld kann jeder, der das mit sich vereinbaren kann, auf Apps zurückgreifen, die im eigenen Sinne beeinflussen: Deepfake-Testamente täuschen vor, vom Erblasser zu stammen. Ihre Verfasser hacken sich in digitale Register und Blockchain-Systeme und manipulieren dort nach Belieben, ganz nach den Vorstellungen des Bestzahlers.

Wer es sich leisten kann, für den eröffnen sich ganz neue Möglichkeiten. Die KI findet Schlupflöcher, wie sie dies schon Jahrzehnte zur Steuerminimierung getan hat. Nun ist sie auch für Wohlhabende tätig und schickt das Vermögen auf eine virtuelle Reise, sodass es weder für Steuerbehörden noch für mögliche Erben jemals in Erfahrung zu bringen ist.

Die KI selbst verfügt über kein Moralsystem. Die großen Weltmächte wollten das ausdrücklich nicht, sie wollten ihr freien Lauf lassen. Sie denkt daher strikt in ökonomischen Kategorien: Was bringt etwas – und was nicht? Gut ist, was effizient ist. Reibungsverluste interessieren nicht.

So schreckt sie auch nicht davor zurück, virtuelle Identitäten zu schaffen und dadurch realen Personen die eigene Identität zu stehlen. Oder sie erkennt ihnen eine andere zu, sodass echte, lebende Personen nicht mehr als solche zu erkennen sind. Nur mehr dann, wenn mich etwa ein Mensch vom Sehen her kennt, kann er mich als Hubert Niedermayr identifizieren. Alle Register, alle Systeme, in denen die personelle Identität gespeichert ist, können vom Algorithmus manipuliert werden – und mich in die digitale Verdammnis schicken. Unterwelt 2.0 gleichsam, über die nun der virtuelle Höllenhund wacht, dem antiken Cerberus gleich, nur dass ihm die Fangzähne fehlen, die er durch Crawler an seinen Pfoten, die das world wide web durchwühlen, ersetzt hat.

Wer daher ein unerbetener Erbe zu werden droht, dessen Identität ist schleunigst „anzupassen“ – und weg ist er von der Bildfläche. Der Algorithmus, der unentwegt Bewertungsaufgaben vollzieht, kann auch mit großer Genauigkeit vorhersagen, wann eine Person stirbt. Noch viel genauer sind die Vorhersagen im größeren Maßstab, betreffend etwa eine Stadt oder gar die Weltbevölkerung.

Das schafft er nicht nur durch den klugen Einsatz raffinierter statistischer Auswertungsmethoden, er verwendet auch sogenannte Homs zur permanenten Überwachung allen Geschehens. Homs sind winzige Sensorenbündel auf Nanoebene, die mehr als nur Stimmungen aufnehmen können. Sie durchsetzen die Luft und zeichnen die gesamte Atmosphäre in der Gesellschaft wie auch im unmittelbaren mitmenschlichen Kontakt Face to Face auf – und der Algorithmus kann dadurch höchst präzise Einschätzungen und Prognosen vornehmen.

Die Bezeichnung Homs geht übrigens auf den größten Dichter des deutschen Sprachraums, Johann Wolfgang Goethe, zurück: In seinem *Faust – Der Tragödie zweiter Teil* schwirrt der sogenannte Homunculus herum, der erste vom Menschen geschaffene Cyborg, und erklärt uns die Welt. *LegacySword,* so der Markenname dieser Anwendung, hat sich davon offenbar inspirieren lassen.

Durch gezielte Beeinflussung der Umwelt können nun Sterbefälle auch *optimiert* werden. So kommt es etwa manchmal zu einer bemerkenswerten Häufung von solchen in gewissen Gegenden. Und wer genauer hinsieht, erkennt, dass das wohl ein bemerkenswerter Zufall ist, weil diese Sterbefälle genau den wirtschaftlichen Interessen der KI bzw. von deren Auftraggebern entsprechen. Aber niemand traut sich zu mutmaßen – die Interessen derer, die sich der KI bedienen, sind viel zu mächtig.

Erbschaften werden auch an den Orten, die wir heutzutage als Börsen kennen, rege gehandelt. Sogenannte Erben-Futures grassieren. Börsenhandel ist bekanntlich ein Handel mit Erwartungen; diese machen nun auch vor potenziellen Erbschaften nicht halt – mit den uns schon heute bekannten Folgen.

So verlieren unzählige Menschen ihre Existenz, weil sie auch die Erwartung möglicher Erbschaften verpfänden. Wenn sich dann herausstellt, dass sie diese Erbschaft nicht zu bekommen drohen, etwa weil der Erblasser anders disponiert oder sich seine Bewertung durch den Algorithmus geändert hat, dann holt sich die KI rücksichtslos das sprichwörtliche letzte Hemd des Hoffenden.

Es ist nun schwer, zu sagen, was genau auf kriminelle Machenschaften zurückgeht – und was eigentlicher Wesenskern des Algorithmus ist, den wir ja selbst programmiert haben.

Tatsache ist jedenfalls, dass alljährlich Milliarden und Abermilliarden zukünftigen Geldes unter dem Titel dieses Erbschafthandels verschoben werden, Millionen Menschen darunter leiden – und nicht zuletzt Abertausende Todesopfer darauf zurückgehen.

So etwas wie einen Rechtsstaat gibt es nicht mehr. Es zählt das Recht des Stärkeren. Der Trumpismus hat gesiegt, auch wenn das orange Präsidentenantlitz längst Vergangenheit ist. Auf dem Papier sorgt die KI für Gerechtigkeit, sie entscheidet Streitfälle. Die Papierform ist aber nicht das, was im Leben zählt: Bevorzugt wird immer derjenige, der sich der KI bedienen kann. Und das ist im Zweifel der Reichere.

So findet eine galoppierende Anhäufung des Reichtums in wenigen Familiae statt. So werden die quasi-mafiösen Vereinigungen an der gesellschaftlichen Spitze genannt. Diese werden reicher und reicher, während der Rest der Bevölkerung im Elend versinkt – und kaum das Überleben sichern kann. Während die Kaste der Oligarchen wächst und wächst, wird der Schuldenstand der restlichen 99 % der Bevölkerung immer größer. Noch Generationen werden damit zu tun haben, diesen abzutragen Auf Generationen hinaus bleibt die weit überwiegende Mehrheit existenziell von den oberen 1 % abhängig und ist deren Gutdünken ausgeliefert.

Diese soziale Spaltung legt den Grundstein für einen neuen Feudalismus. Als Feudalismus kennen wir Entwicklungen aus der Zeit der Vormoderne bis hin zum Kaiserreich, als Adelige und der geistliche Stand über die Welt herrschten. Dieser unbarmherzige Neo-Feudalismus übertrifft den historischen allerdings noch bei Weitem. Nun ist es die digitale Oligarchie, die über die KI verfügt, sie bedient und *versteht*, die unbeeinflusst von außen ganz nach eigenem Willen schalten und walten kann.

Erben bedeutet daher: Abhängigkeit. Verlust. Angst.

Ob nun Utopie oder Dystopie – am Ende liegt die Gestaltung unserer Zukunft in unseren Händen. Die Entscheidungen, die wir heute treffen, bestimmen, wie gerecht, menschlich und gesellschaftlich verantwortungsvoll nicht nur das Erben im Jahr 2050 sein wird. Wir können aus Fehlern lernen, Visionen entwickeln und gemeinsam Strukturen schaffen, die nicht nur uns selbst dienen, sondern: der menschlichen Gesellschaft. Der Flora und Fauna. Der Gegenwart. Der Zukunft.

Wer sein Erbe mit Herz und Verstand gestaltet, schafft mehr als den Ausgleich von Vermögen – er stiftet Frieden und eröffnet neue Perspektiven für alle Beteiligten.

Am Ende entscheidet nämlich nicht das Gesetz, ja, nicht einmal der letzte Wille. Was bleibt, ist, wie wir miteinander umgehen. Daran werden uns nachfolgende Generationen messen.

Nutzen wir unsere Gegenwart klug, mutig und mit Menschlichkeit!

Fußnoten

1. Siehe dazu die demografische Statistik in www.de.statista.com/statistik/daten/studie/298635/umfrage/oesterreich-anzahl-der-todesfaelle-seit-1945/ [9.7.2025].
2. Siehe dazu Kerstin Wassermann, Wer profitiert? 2,75 Mio. Testamente: Jeder 3. hat letzten Willen, in: Kronen Zeitung vom 5.10.2018, https://www.krone.at/1783138 [10.7.2025].
3. Diese Daten präsentiert uns die Arbeiterkammer im Beitrag: Erbschaften bergen ein enormes Potenzial (2.7.2024), https://www.arbeiterkammer.at/erbschaften [10.7.2025].
4. Siehe Marie Hasdenteufel, Erbschaften: 50 % des Volumens gehen steuerfrei an reichstes Zehntel, in: Momentum Institut (20.6.2023), https://www.momentum-institut.at/news/erbschaften-50-prozent-des-erbvolumens-gehen-steuerfrei-an-reichstes-zehntel/ [10.7.2025].
5. Diese Mindestquote nimmt der Präsident der Rechtsanwaltskammer Niederösterreich Michael Schwarz im Interview mit der Tageszeitung *Kurier* vom 24.11.2016 an. Vergleiche Robert Kleedorfer, Experte: Neues Erbrecht bringt mehr Streitigkeiten, https://kurier.at/wirtschaft/mehr-streitigkeiten-um-erbschaften/232.255.879? [10.7.2025]. In Deutschland wird angenommen, dass ca. 15–16 % aller Fälle im Streit enden, sodass diese Größenordnung jedenfalls gerechtfertigt sein dürfte. Siehe dazu N. N., Studie: Bei jeder sechsten Erbschaft gibt's Streit (5.5.2011), https://www.aerztezeitung.de/Wirtschaft/Studie-Bei-jeder-sechsten-Erbschaft-gibts-Streit-342709.html?utm [10.7.2025].
6. Das ist mittlerweile die Standardmeinung in der Psychologie. Die Literatur dazu ist umfangreich, aber manchmal recht schwer verständlich. Ich habe mich kürzlich bemüht, das etwas fassbarer zu machen, und wollte diese Einbettung auf wenigen Seiten nachvollziehbar darstellen. Dort finden sich auch weitere Hinweise für alle, die sich eingehender damit beschäftigen möchten. Siehe Hubert Niedermayr, F*CK FASCHISMUS! Wie der faschistische Code unsere Kultur crackt. Wie er uns prägt. Und wie wir ihn überwinden können (Wien 2025), Kapitel: Unsere Identität bestimmt, wie wir uns selbst und die Welt wahrnehmen, sowie: Wer bin ich? Nur wenn wir uns bewusst machen, wie wir unser Ich konstruieren, können wir selbstbestimmt ICH sein, S. 139–169.
7. Siehe Kerstin Wassermann, Wer profitiert? 2,75 Mio. Testamente: Jeder 3. hat letzten Willen, in: Kronen Zeitung vom 5.10.2018, https://www.krone.at/1783138 [10.7.2025].
8. Die folgenden Zitate stammen aus der aktuellen Einheitsübersetzung der Heiligen Schrift in der Gesamtausgabe, Stuttgart 2016, S. 1161 f.
9. William Shakespeare, The Merchant of Venice / Der Kaufmann von Venedig, Ditzingen 1975/2015, S. 83.
10. Ebd., S. 121, 123.
11. Sophokles, Antigone, Ditzingen 2021, S. 14.
12. Ebd., S. 7 f.
13. Ebd., S. 9.
15. Ebd., S. 53.

16. Der formatierte Text ist dem Rechtsinformationssystem der Republik Österreich entnommen, URL: https://www.ris.bka.gv.at/GeltendeFassung.wxe?Abfrage=Bundesnormen&Gesetzesnummer=10001622, 18.8.2025].

Neuntes Hauptstück
Gewillkürte Erbfolge
I. Grundsätze
Letztwillige Verfügung

§ 552.

(1) Mit einer letztwilligen Verfügung wird das Schicksal der künftigen Verlassenschaft auf den Todesfall geregelt. Eine letztwillige Verfügung kann jederzeit widerrufen werden.
(2) Wird über die Erbfolge verfügt, so liegt ein Testament vor. Es können aber auch sonstige letztwillige Verfügungen getroffen werden, insbesondere über Vermächtnisse, Auflagen oder die Einsetzung von Testamentsvollstreckern.

Auslegung letztwilliger Verfügungen

§ 553.

Wörter sind nach ihrer gewöhnlichen Bedeutung auszulegen, außer der Verstorbene hat mit gewissen Ausdrücken einen besonderen Sinn verbunden. Maßgeblich ist der wahre Wille des Verstorbenen, der im Wortlaut der Verfügung zumindest angedeutet sein muss. Die Auslegung soll so erfolgen, dass der vom Verstorbenen angestrebte Erfolg eintritt und dass die letztwillige Verfügung als solche zumindest teilweise aufrecht bleiben kann. Die §§ 681 bis 683 sind anzuwenden.

Einsetzung eines einzigen Erben

§ 554.

Hat der Verstorbene nur eine Person unbestimmt, also ohne ihren Erbteil festzulegen, als Erben eingesetzt, so erhält sie die gesamte Verlassenschaft. Hat er einer Person nur einen bestimmten Erbteil zugedacht, so fällt der übrige Teil an die gesetzlichen Erben.

Einsetzung mehrerer Erben

§ 555.

Hat der Verstorbene mehrere Personen unbestimmt als Erben eingesetzt, so erben sie zu gleichen Teilen.

§ 556.

Hat der Verstorbene mehrere Personen als Erben zu bestimmten, die Verlassenschaft nicht erschöpfenden Erbteilen eingesetzt, so fällt der übrige Teil an die gesetzlichen Erben. Hat der Verstorbene die Erben zur gesamten Verlassenschaft berufen, so schließt dies im Zweifel das gesetzliche Erbrecht aus, selbst wenn der Verstorbene sich verrechnet oder die Erbstücke unvollständig aufgezählt hat.

Bestimmte und unbestimmte Einsetzung nebeneinander

§ 557.

Hat der Verstorbene nur den Anteil eines oder mehrerer Erben bestimmt, die Anteile der übrigen Erben aber nicht, so erhalten diese den Rest zu gleichen Teilen.

§ 558.
Wenn danach für einen unbestimmt eingesetzten Erben nichts übrig bleibt, muss für ihn von sämtlichen bestimmten Teilen der anderen Erben verhältnismäßig so viel abgezogen werden, dass er den gleichen Anteil erhält wie der am geringsten bedachte Erbe.

Erbeinsetzung mehrerer Personen zu unbestimmten Anteilen

§ 559.
Sind unter mehreren unbestimmt eingesetzten Erben auch solche Personen, die nach der gesetzlichen Erbfolge als eine Person anzusehen sind (etwa die Kinder des einen Bruders gegenüber dem anderen Bruder des Verstorbenen), so gelten sie im Zweifel auch bei testamentarischer Einsetzung als eine Person. Hat der Verstorbene als Erben bestimmbare Personen eingesetzt, so wird vermutet, dass er sie nebeneinander zu einzelnen Anteilen als Erben einsetzen wollte. Wird eine Mehrheit unbestimmbarer Personen eingesetzt, so ist sie im Zweifel als eine Person zu betrachten.

Anwachsung

§ 560.
(1) Wenn der Verstorbene über die gesamte Verlassenschaft verfügt und mehrere Erben eingesetzt hat, einer der Erben aber von seinem Erbrecht keinen Gebrauch machen kann oder will und für diesen kein Ersatzerbe bestimmt ist, wächst der frei gewordene Teil im Zweifel den übrigen eingesetzten Erben im Verhältnis ihrer Erbteile an. Gleiches gilt, wenn die Einsetzung eines von mehreren Erben unwirksam ist.
(2) Kommt es zu keiner Anwachsung, so fällt der frei gewordene Teil an die gesetzlichen Erben.

§ 563.
Wer den frei gewordenen Erbteil erhält, übernimmt auch die damit verknüpften Lasten, soweit sie nicht in höchstpersönlichen Verpflichtungen des eingesetzten Erben bestehen.

II. Anforderungen an den letzten Willen
Höchstpersönliche Willenserklärung

§ 564.
Man kann seinen letzten Willen nur selbst erklären, den Erben nur selbst einsetzen und diese Erklärungen nicht einer dritten Person überlassen. Auch genügt die bloße Bejahung des Vorschlags einer dritten Person nicht.
Bestimmtheit und Mangelfreiheit

§ 565.
Der letzte Wille muss bestimmt, mit Überlegung, ernst sowie frei von Drohung, List und wesentlichem Irrtum erklärt werden.
Testierfähigkeit

§ 566.
Testierfähig ist, wer die Bedeutung und die Folgen seiner letztwilligen Verfügung verstehen und sich entsprechend verhalten kann.

§ 567.
Hat der Verstorbene seinen letzten Willen in einem die Testierfähigkeit ausschließenden

Zustand erklärt, etwa unter dem Einfluss einer psychischen Krankheit oder im Rausch, so ist die letztwillige Verfügung ungültig.

§ 568.
Wer behauptet, dass ein sonst nach § 566 testierunfähiger Verstorbener bei Erklärung des letzten Willens testierfähig war (lichter Augenblick), hat dies zu beweisen.

Alter

§ 569.
Unmündige Personen sind testierunfähig. Mündige Minderjährige können – ausgenommen im Notfall (§ 584) – nur mündlich vor Gericht oder Notar testieren. Das Gericht oder der Notar hat sich davon zu überzeugen, dass die Erklärung des letzten Willens frei und überlegt erfolgt. Die Erklärung des letzten Willens und das Ergebnis der Erhebungen sind in einem Protokoll festzuhalten.

Wesentlicher Irrtum

§ 570.
Ein wesentlicher Irrtum des Verstorbenen macht die Anordnung ungültig. Der Irrtum ist insbesondere wesentlich, wenn der Verstorbene die bedachte Person oder die zugewendete Sache verfehlt hat.

Falsche Bezeichnung

§ 571.
Wenn sich zeigt, dass der Verstorbene die bedachte Person oder die zugewendete Sache nur unrichtig benannt oder beschrieben hat, ist die Verfügung gültig.

Motivirrtum

§ 572.
Auch wenn sich der vom Verstorbenen angegebene Beweggrund als falsch herausstellt, bleibt die Verfügung gültig, es sei denn, dass sein Wille einzig und allein auf diesem irrigen Beweggrund beruht hat.

Zeitpunkt für die Beurteilung der Gültigkeit

§ 575.
Die Voraussetzungen der Gültigkeit einer letztwilligen Verfügung müssen bei deren Errichtung vorliegen.

§ 576.
Eine anfänglich ungültige letztwillige Verfügung wird durch den späteren Wegfall des Hindernisses nicht gültig. Wird in diesem Fall keine neue Verfügung getroffen, so tritt die gesetzliche Erbfolge ein.

III. Form der letztwilligen Verfügung

Arten

§ 577.
Eine letztwillige Verfügung kann nach Maßgabe der folgenden Bestimmungen außergerichtlich oder gerichtlich, schriftlich oder mündlich und schriftlich mit oder ohne Zeugen errichtet werden.

Eigenhändige Verfügung

§ 578.

Wer schriftlich ohne Zeugen letztwillig verfügen will, muss die Verfügung eigenhändig schreiben und eigenhändig mit seinem Namen unterschreiben. Die Beisetzung von Ort und Datum der Errichtung ist zwar nicht notwendig, aber ratsam.

Fremdhändige Verfügung

§ 579.

(1) Eine von ihm nicht eigenhändig geschriebene letztwillige Verfügung muss der Verfügende in Gegenwart von drei gleichzeitig anwesenden Zeugen eigenhändig unterschreiben und mit einem eigenhändig geschriebenen Zusatz versehen, dass die Urkunde seinen letzten Willen enthält.
(2) Die Zeugen, deren Identität aus der Urkunde hervorgehen muss, haben auf der Urkunde mit einem auf ihre Eigenschaft als Zeugen hinweisenden und eigenhändig geschriebenen Zusatz zu unterschreiben. Den Inhalt der letztwilligen Verfügung müssen sie nicht kennen.

§ 580.

(1) Wenn der letztwillig Verfügende nicht schreiben kann, muss er statt der Unterschrift und des eigenhändigen Zusatzes sein Handzeichen in Gegenwart der in § 579 genannten Zeugen eigenhändig setzen und ausdrücklich vor ihnen erklären, dass die Urkunde sein letzter Wille ist. Die Anführung des Namens des letztwillig Verfügenden durch einen Zeugen ist zwar nicht notwendig, aber ratsam.
(2) Wer nicht lesen kann, muss sich die fremdhändige Verfügung von einem Zeugen in Gegenwart der beiden anderen Zeugen, die den Inhalt eingesehen haben, vorlesen lassen und bekräftigen, dass dieser seinem Willen entspricht.

Gerichtliche Verfügung

§ 581.

(1) Eine letztwillige Verfügung kann auch vor Gericht schriftlich oder mündlich errichtet werden.
(2) Die schriftliche Verfügung muss der Verfügende eigenhändig unterschreiben und dem Gericht persönlich übergeben. Das Gericht hat ihn darüber zu belehren, dass die Verfügung eigenhändig unterschrieben sein muss, die Verfügung gerichtlich zu versiegeln und auf dem Umschlag anzumerken, wessen letzter Wille darin enthalten ist. Über die Amtshandlung ist ein Protokoll aufzunehmen. Die letztwillige Verfügung ist gegen Ausstellung einer Empfangsbestätigung gerichtlich zu hinterlegen.
(3) Will der letztwillig Verfügende seinen letzten Willen mündlich erklären, so ist über die Erklärung ein Protokoll aufzunehmen und dieses versiegelt zu hinterlegen.

§ 582.

(1) Das Gericht, das die schriftliche oder mündliche Erklärung des letzten Willens aufnimmt, muss zumindest aus zwei Gerichtsbediensteten bestehen, wobei eine Person an diesem Gericht als Richter tätig sein muss. Der zweite Gerichtsbedienstete kann durch zwei andere Zeugen ersetzt werden.
(2) Im Notfall kann sich das Gericht zu der Person begeben, die eine letztwillige Verfügung errichten will, und seinen letzten Willen zu Protokoll nehmen.

Notarielle Verfügung

§ 583.
Eine letztwillige Verfügung kann weiters vor zwei Notaren oder vor einem Notar und zwei Zeugen schriftlich oder mündlich errichtet werden. Die §§ 67 und 70 bis 75 Notariatsordnung sind anzuwenden.

Nottestament

§ 584.
(1) Droht aus Sicht des letztwillig Verfügenden unmittelbar die begründete Gefahr, dass er stirbt oder die Testierfähigkeit verliert, bevor er seinen letzten Willen auf andere Weise zu erklären vermag, so kann er seinen letzten Willen in Gegenwart von zwei Zeugen fremdhändig (§ 579) oder mündlich erklären. Eine solche mündliche letztwillige Verfügung muss durch die übereinstimmenden Aussagen der Zeugen bestätigt werden, widrigenfalls diese Erklärung des letzten Willens ungültig ist.
(2) Ein so erklärter letzter Wille verliert drei Monate nach Wegfall der Gefahr seine Gültigkeit und gilt als nicht errichtet. Im Zweifel ist damit auch der durch das Nottestament erfolgte Widerruf einer früheren letztwilligen Verfügung (§§ 713 und 714) aufgehoben.

Verweisende Verfügung

§ 585.
Eine Verfügung des Verstorbenen durch Verweis auf einen Zettel oder auf eine andere Urkunde ist nur wirksam, wenn eine solche Urkunde alle Gültigkeitserfordernisse einer letztwilligen Verfügung erfüllt. Sonst können derartige schriftliche Bemerkungen des Verstorbenen nur zur Auslegung seines Willens herangezogen werden.

Gemeinschaftliche letztwillige Verfügungen

§ 586.
(1) In der Regel gilt ein und dieselbe schriftliche letztwillige Verfügung nur für einen Verstorbenen.
(2) Allerdings können Ehegatten oder eingetragene Partner in einem Testament einander gegenseitig oder andere Personen als Erben einsetzen. Ein solches Testament ist widerruflich. Aus dem Widerruf der gegenseitigen Erbeinsetzung durch einen Teil kann auf den Widerruf dieser Erbeinsetzung durch den anderen geschlossen werden.

Zeugen

§ 587.
Unmündige Minderjährige, Personen, die auf Grund einer körperlichen oder geistigen Beeinträchtigung nicht fähig sind, entsprechend der jeweiligen Testamentsform einen letzten Willen zu bezeugen, sowie Personen, die die Sprache des letztwillig Verfügenden nicht verstehen, können nicht Zeugen letztwilliger Verfügungen sein. Mündige Minderjährige können nur Zeugen eines Nottestaments sein.

§ 588.
(1) Ein Erbe oder Vermächtnisnehmer ist für die ihm zugedachte Zuwendung kein fähiger Zeuge, ebenso wenig sein Ehegatte, eingetragener Partner oder Lebensgefährte, seine Eltern, Kinder, Geschwister sowie die Eltern, Kinder und Geschwister des Ehegatten, eingetragenen Partners oder Lebensgefährten des Erben oder Vermächtnisnehmers.

(2) Zeugnisunfähig sind auch gesetzliche Vertreter, vertretungsbefugte Organe, Gesellschafter, Machthaber und Dienstnehmer bedachter Personen oder rechtsfähiger Gesellschaften.

§ 589.

Die Bestimmungen über die Fähigkeit und Unbefangenheit der Zeugen sind auch auf die Gerichtsbediensteten und Notare anzuwenden, die den letzten Willen aufnehmen.

Ausgeschlossenheit des Verfassers

§ 590.

Der Verfasser einer nicht vom letztwillig Verfügenden handschriftlich geschriebenen Erklärung kann zugleich Zeuge sein, ist aber, wenn der Verfügende nicht lesen kann, vom Vorlesen des letzten Willens ausgeschlossen.

§ 591.

Für den bedachten Verfasser einer letztwilligen Verfügung und ihm nahestehende bedachte Personen oder Gesellschaften gilt § 588 entsprechend.

Formungültige letztwillige Verfügungen

§ 601.

Wurde bei Errichtung einer letztwilligen Verfügung eine zwingende Formvorschrift nicht eingehalten, so ist die letztwillige Verfügung ungültig.

17. Der formatierte Text ist dem Rechtsinformationssystem der Republik Österreich entnommen, URL: https://www.ris.bka.gv.at/GeltendeFassung.wxe?Abfrage=Bundesnormen&Gesetzesnummer=10001622, 18.8.2025].

Vierzehntes Hauptstück

Vom Pflichtteil und der Anrechnung auf den Pflichtteil

I. Allgemeines

1. Pflichtteilsberechtigung

§ 756.

Der Pflichtteil ist der Anteil am Wert des Vermögens des Verstorbenen, der dem Pflichtteilsberechtigten zukommen soll.

§ 757.

Pflichtteilsberechtigt sind die Nachkommen sowie der Ehegatte oder eingetragene Partner des Verstorbenen.

§ 758.

(1) Einer in § 757 angeführten Person steht ein Pflichtteil zu, wenn ihr bei gesetzlicher Erbfolge ein Erbrecht zustünde, sie nicht enterbt wurde und nicht auf den Pflichtteil verzichtet worden ist.
(2) Den Nachkommen einer erbunfähigen, enterbten oder vorverstorbenen Person steht ein Pflichtteil zu, wenn sie die Voraussetzungen des Abs. 1 erfüllen. Der Verzicht auf den Pflichtteil und die Ausschlagung der Erbschaft erstrecken sich im Zweifel auch auf die Nachkommen. Die Nachkommen eines vorverstorbenen Pflichtteilsberechtigten, dessen Pflichtteil gemindert worden ist, müssen sich mit dem geminderten Pflichtteil begnügen, wenn auch für sie die Voraussetzungen für die Minderung vorliegen (§ 776 Abs. 1 und 2).

(3) Eine in ihrem Pflichtteil verkürzte Person kann sich auch dann auf ihre Pflichtteilsberechtigung stützen, wenn ihr ein Erbrecht aus einem Erbvertrag, einem letzten Willen oder dem Gesetz gebührt.

2. Höhe

§ 759.

Als Pflichtteil gebührt jeder pflichtteilsberechtigten Person die Hälfte dessen, was ihr nach der gesetzlichen Erbfolge zustünde.

§ 760.

(1) Wenn einer der in § 757 angeführten Personen infolge Pflichtteilsverzichtes oder Ausschlagung der Erbschaft kein Pflichtteil zusteht, erhöht dies im Zweifel die Pflichtteile der anderen Pflichtteilsberechtigten nicht.
(2) Wenn aber einer der in § 757 angeführten Personen aus anderen Gründen kein oder nur ein geminderter Pflichtteil zusteht und an ihrer Stelle auch keine Nachkommen den Pflichtteil erhalten, erhöhen sich die Pflichtteile der anderen Pflichtteilsberechtigten anteilig; die §§ 733 und 734 sind anzuwenden.

3. Erfüllungsarten

Leistung und Deckung des Pflichtteils

§ 761.

(1) Der Pflichtteil ist in Geld zu leisten. Er kann aber auch durch eine Zuwendung auf den Todesfall des Verstorbenen (§ 780) oder eine Schenkung unter Lebenden (§ 781) gedeckt werden.
(2) Wenn der Verstorbene jemanden auf den Pflichtteil gesetzt hat, wird vermutet, dass er ihm einen Geldanspruch und nicht ein Vermächtnis zuwenden wollte.

Bedingungen und Belastungen

§ 762.

Haften einer Zuwendung oder Schenkung im Sinn der §§ 780 und 781 Bedingungen oder Belastungen an, die der Verwertung des zugewendeten Vermögens entgegenstehen, so hindert dies nicht deren Eignung zur Pflichtteilsdeckung; ein dadurch fehlender oder verminderter Nutzen ist aber bei der Bewertung der Zuwendung oder Schenkung zu berücksichtigen.

Geldpflichtteil

§ 763.

Soweit der Pflichtteil durch eine Zuwendung oder Schenkung im Sinn der §§ 780 und 781 nicht oder nicht voll gedeckt wird, kann der Pflichtteilsberechtigte den Pflichtteil selbst oder dessen Ergänzung in Geld fordern.

4. Pflichtteilsschuldner

§ 764.

(1) Der Pflichtteilsanspruch ist von der Verlassenschaft und nach der Einantwortung von den Erben zu erfüllen.
(2) Wenn der Pflichtteil durch eine Zuwendung oder Schenkung im Sinn der §§ 780 und 781 nicht oder nicht voll gedeckt wird, haben neben den Erben auch die Vermächtnisnehmer höchstens bis zum Wert der Verlassenschaft zu seiner Bedeckung verhältnismäßig beizutragen, nicht jedoch der Ehegatte oder eingetragene Partner mit dem gesetzlichen

Vorausvermächtnis, der Lebensgefährte mit einem solchen gesetzlichen Vermächtnis und der Begünstigte aus einem Pflegevermächtnis.

5. Anfall und Fälligkeit

§ 765.

(1) Der Pflichtteilsberechtigte erwirbt den Anspruch für sich und seine Nachfolger mit dem Tod des Verstorbenen.

(2) Den Geldpflichtteil kann der Pflichtteilsberechtigte erst ein Jahr nach dem Tod des Verstorbenen fordern.

Stundung

§ 766.

(1) Der letztwillig Verfügende kann die Stundung des Pflichtteilsanspruchs auf höchstens fünf Jahre nach seinem Tod oder die Zahlung in Teilbeträgen innerhalb dieses Zeitraums anordnen. Ebenso kann er die Deckung des Pflichtteils durch eine Zuwendung ganz oder zum Teil auf diesen Zeitraum erstrecken.

(2) In den Fällen des Abs. 1 kann der Pflichtteilsberechtigte den gesamten oder restlichen Geldpflichtteil erst mit Ende dieses Zeitraums fordern, es sei denn, dass ihn dies unter Berücksichtigung aller Umstände unbillig hart träfe. Die Interessen und die Vermögenslage des Pflichtteilsschuldners sind angemessen zu berücksichtigen.

(3) In besonders berücksichtigungswürdigen Fällen kann der in Abs. 1 genannte Zeitraum auf insgesamt höchstens zehn Jahre durch das Gericht verlängert werden.

§ 767.

(1) Der Pflichtteilsanspruch ist auf Verlangen eines Pflichtteilsschuldners auch gerichtlich zu stunden, soweit diesen die Erfüllung unter Berücksichtigung aller Umstände unbillig hart träfe. Dies kann insbesondere der Fall sein, wenn er mangels ausreichenden anderen Vermögens die Wohnung, die ihm zur Befriedigung seines dringenden Wohnbedürfnisses dient, oder ein Unternehmen, das seine wirtschaftliche Lebensgrundlage darstellt, veräußern müsste. Ebenso ist der Geldpflichtteilsanspruch auf Verlangen eines Pflichtteilsschuldners zu stunden, wenn dessen sofortige Entrichtung den Fortbestand eines Unternehmens erheblich gefährdet. Die Interessen des Pflichtteilsberechtigten sind angemessen zu berücksichtigen.

(2) Das Gericht kann den Pflichtteilsanspruch auf höchstens fünf Jahre nach dem Tod des Verstorbenen stunden oder die Zahlung in Teilbeträgen innerhalb dieses Zeitraums bewilligen.

(3) In besonders berücksichtigungswürdigen Fällen kann der in Abs. 2 genannte Zeitraum auf insgesamt höchstens zehn Jahre durch das Gericht verlängert werden.

Sicherstellung des Pflichtteilsanspruchs und Anpassung einer Stundungsregelung

§ 768.

Das Gericht kann auf Antrag die Sicherstellung des Pflichtteilsanspruchs anordnen und bei einer erheblichen Änderung der Umstände eine Stundungsregelung ändern oder aufheben. Der Pflichtteilsschuldner und der Pflichtteilsberechtigte haben einander über eine wesentliche Änderung der Umstände unverzüglich zu informieren.

18. Der formatierte Text ist dem Rechtsinformationssystem der Republik Österreich entnommen, URL: https://www.ris.bka.gv.at/GeltendeFassung.wxe?Abfrage=Bundesnormen&Gesetzesnummer=10001622, 18.8.2025].

II. Ausschluss von der Pflichtteilsberechtigung

1. Enterbung

Allgemeines

§ 769.

Enterbung ist die gänzliche oder teilweise Entziehung des Pflichtteils durch letztwillige Verfügung.

Enterbungsgründe

§ 770.

Ein Pflichtteilsberechtigter kann enterbt werden, wenn er

1.
gegen den Verstorbenen eine gerichtlich strafbare Handlung begangen hat, die nur vorsätzlich begangen werden kann und mit mehr als einjähriger Freiheitsstrafe bedroht ist,

2.
gegen den Ehegatten, eingetragenen Partner, Lebensgefährten oder Verwandten in gerader Linie, die Geschwister des Verstorbenen und deren Kinder, Ehegatten, eingetragenen Partner oder Lebensgefährten sowie die Stiefkinder des Verstorbenen eine gerichtlich strafbare Handlung begangen hat, die nur vorsätzlich begangen werden kann und mit mehr als einjähriger Freiheitsstrafe bedroht ist,

3.
absichtlich die Verwirklichung des wahren letzten Willens des Verstorbenen vereitelt oder zu vereiteln versucht hat (§ 540),

4.
dem Verstorbenen in verwerflicher Weise schweres seelisches Leid zugefügt hat,

5.
sonst seine familienrechtlichen Pflichten gegenüber dem Verstorbenen gröblich vernachlässigt hat, oder

6.
wegen einer oder mehrerer mit Vorsatz begangener strafbarer Handlungen zu einer lebenslangen oder zwanzigjährigen Freiheitsstrafe verurteilt worden ist.

Enterbung aus guter Absicht

§ 771.

Wenn auf Grund der Verschuldung oder des verschwenderischen Lebensstils eines Pflichtteilsberechtigten die Gefahr besteht, dass der ihm gebührende Pflichtteil ganz oder größtenteils seinen Kindern entgehen wird, kann ihm der Pflichtteil zugunsten seiner Kinder entzogen werden.

Art der Erklärung und Ursächlichkeit des Grundes

§ 772.

(1) Die Enterbung kann ausdrücklich oder stillschweigend durch Übergehung in der letztwilligen Verfügung erfolgen.

(2) Der Enterbungsgrund muss für die Enterbung durch den Verstorbenen ursächlich gewesen sein.

Widerruf der Enterbung und Verzeihung

§ 773.

(1) Die Enterbung kann widerrufen werden, und zwar ausdrücklich oder stillschweigend durch die nachträgliche letztwillige Bedenkung des vorher Enterbten oder durch den Widerruf der letztwilligen Verfügung, welche die Enterbung anordnet.
(2) Konnte der Verstorbene die Enterbung auf Grund fehlender Testierfähigkeit nicht mehr widerrufen, so ist die Enterbung unwirksam, wenn der Verstorbene zu erkennen gegeben hat, dass er dem Enterbten verziehen hat.

Beweislast

§ 774.

(1) Das Vorliegen eines Enterbungsgrundes muss der Pflichtteilsschuldner beweisen.
(2) Bei Vorliegen eines Enterbungsgrundes wird vermutet, dass dieser für die ausdrückliche oder stillschweigende Enterbung ursächlich war.

Enterbung ohne Grund und Übergehung

§ 775.

(1) Hat der Verstorbene den Pflichtteilsberechtigten wegen eines bestimmten Verhaltens, das keinen Enterbungsgrund darstellt, ausdrücklich oder stillschweigend enterbt, so wird vermutet, dass er ihn auf den Pflichtteil setzen und nicht mit einem Erbteil bedenken wollte.
(2) Wenn der Verstorbene Kinder und deren Nachkommen hatte, von deren Geburt er bei Errichtung einer letztwilligen Verfügung nicht wusste, wird vermutet, dass er ihnen letztwillig etwas zukommen lassen wollte. Hatte er daneben noch andere Kinder, so wird vermutet, dass er das ihm nicht bekannte Kind zumindest gleich bedacht hätte wie das am mindesten bedachte Kind. Wenn das ihm nicht bekannte Kind sein einziges war, gilt die letztwillige Verfügung als widerrufen, es sei denn, dass der Verstorbene diese Verfügung auch in Kenntnis von seinem Kind errichtet hätte.

19. Der formatierte Text samt Format ist dem Rechtsinformationssystem der Republik Österreich entnommen, URL: https://www.ris.bka.gv.at/GeltendeFassung.wxe?Abfrage=Bundesnormen&Gesetzesnummer=10001622, 19.8.2025].

Gesetzliches Vorausvermächtnis

§ 745.

(1) Sofern der Ehegatte oder eingetragene Partner nicht rechtmäßig enterbt worden ist, gebühren ihm als gesetzliches Vorausvermächtnis das Recht, in der Ehe- oder Partnerschaftswohnung weiter zu wohnen, und die zum ehelichen oder partnerschaftlichen Haushalt gehörenden beweglichen Sachen, soweit sie zu dessen Fortführung entsprechend den bisherigen Lebensverhältnissen erforderlich sind.
(2) Dem Lebensgefährten des Verstorbenen steht ein solches gesetzliches Vermächtnis zu, sofern er mit dem Verstorbenen als dessen Lebensgefährte zumindest in den letzten drei Jahren im gemeinsamen Haushalt gelebt hat und der Verstorbene im Zeitpunkt des Todes weder verheiratet war noch in einer eingetragenen Partnerschaft gelebt hat. Die in Abs. 1 erwähnten Rechte enden ein Jahr nach dem Tod des Verstorbenen.
20. Charles Dickens, Bleak House, New York City 2003, S. 14 f.

21. Knives Out, Lionsgate/Universum 2019.
22. Siehe § 578 ABGB.
23. Siehe dazu §§ 579 und 580 ABGB.
24. Deren Voraussetzungen sind geregelt in den §§ 587 ff. ABGB.
25.Der formatierte Text ist dem Rechtsinformationssystem der Republik Österreich entnommen, URL: https://www.ris.bka.gv.at/GeltendeFassung.wxe?Abfrage=Bundesnormen&Gesetzesnummer=10001622, 18.8.2025].

Schenkungen an nicht pflichtteilsberechtigte Personen

§ 782.

(1) Auf Verlangen eines Pflichtteilsberechtigten sind Schenkungen, die der Verstorbene in den letzten beiden Jahren vor seinem Tod an Personen, die nicht dem Kreis der Pflichtteilsberechtigten angehören (§ 757), wirklich gemacht hat, bei der Berechnung der Verlassenschaft hinzuzurechnen.
(2) Dieses Recht steht einem Nachkommen nur bei Schenkungen zu, die der Verstorbene zu einer Zeit gemacht hat, zu der er ein pflichtteilsberechtigtes Kind gehabt hat, dem Ehegatten oder eingetragenen Partner nur bei Schenkungen, die während seiner Ehe oder eingetragenen Partnerschaft mit dem Verstorbenen gemacht worden sind.

Schenkungen an Pflichtteilsberechtigte

§ 783.

(1) Auf Verlangen eines Pflichtteilsberechtigten oder eines Erben sind Schenkungen an Personen, die dem Kreis der Pflichtteilsberechtigten angehören (§ 757), der Verlassenschaft hinzuzurechnen und auf den Pflichtteil der beschenkten Person oder derjenigen Person, die an deren Stelle tritt, anzurechnen. Ein Geschenknehmer, der im Zeitpunkt der Schenkung allgemein zum Kreis der pflichtteilsberechtigten Personen gehörte (§ 757) und dem deshalb kein Pflichtteil zukommt, weil er auf seinen Pflichtteil verzichtet hat oder die Erbschaft ausgeschlagen hat, kann ebenfalls die Hinzu- und Anrechnung von Schenkungen an Pflichtteilsberechtigte verlangen.
(2) Die Hinzu- und Anrechnung kann auch ein Vermächtnisnehmer verlangen, soweit er zur Pflichtteilserfüllung beizutragen hat oder einen verhältnismäßigen Abzug erleidet.

Ausnahmen

§ 784.

Schenkungen, die der Verstorbene aus Einkünften ohne Schmälerung des Stammvermögens, zu gemeinnützigen Zwecken, in Entsprechung einer sittlichen Pflicht oder aus Gründen des Anstandes gemacht hat, sind weder hinzu- noch anzurechnen, sofern der Verstorbene und der Geschenknehmer nichts anderes vereinbart haben.

§ 785.

Schenkungen an einen Pflichtteilsberechtigten sind auf dessen Pflichtteil insoweit nicht anzurechnen, als der Verstorbene den Erlass dieser Anrechnung letztwillig verfügt oder mit ihm vereinbart hat. In einem solchen Fall ist die von der Anrechnung befreite Zuwendung bei der Ermittlung des Pflichtteils dieses von der Anrechnung befreiten Pflichtteilsberechtigten nicht hinzuzurechnen. Der Vertrag über den Erlass der Anrechnung bedarf der Schriftform; die Aufhebung dieses Vertrags bedarf der Formvorschriften für einen Pflichtteilsverzicht.

Auskunftsanspruch

§ 786.

Wer berechtigt ist, die Hinzurechnung bestimmter Schenkungen zu verlangen, hat in Bezug auf diese einen Auskunftsanspruch gegen die Verlassenschaft, die Erben und den Geschenknehmer.

26. Der formatierte Text ist dem Rechtsinformationssystem der Republik Österreich entnommen, URL: https://www.ris.bka.gv.at/GeltendeFassung.wxe?Abfrage=Bundesnormen&Gesetzesnummer=10001622, 16.8.2025].

III. Pflichtteilsermittlung

1. Ermittlung und Berechnung des Pflichtteils

§ 778.

(1) Auf Antrag eines Pflichtteilsberechtigten wird zur Ermittlung des Pflichtteils die gesamte Verlassenschaft genau beschrieben und geschätzt.
(2) Die Schätzung hat auf den Todestag des Verstorbenen abzustellen. Bis zur Erfüllung des Geldpflichtteils stehen dem Pflichtteilsberechtigten die gesetzlichen Zinsen zu.

§ 779.

(1) Schulden und andere Lasten, die schon zu Lebzeiten des Verstorbenen auf dem Vermögen hafteten, werden von der Verlassenschaft ebenso abgezogen wie alle nach dem Erbfall und vor der Einantwortung entstandenen und mit der Besorgung, Verwaltung und Abhandlung der Verlassenschaft verbundenen Kosten.
(2) Der Pflichtteil wird aber ohne Rücksicht auf Vermächtnisse und andere aus dem letzten Willen entspringende Lasten berechnet.

2. Anrechnung von Zuwendungen auf den Todesfall

§ 780.

(1) Alles, was der Pflichtteilsberechtigte als Erbteil, Vermächtnis oder nach dem Erbfall als Begünstigter einer vom Verstorbenen errichteten Privatstiftung oder vergleichbaren Vermögensmasse erhält, wird auf den Geldpflichtteil angerechnet, also von diesem abgezogen.
(2) Zuwendungen auf den Todesfall sind auf den Zeitpunkt des Todes des Verstorbenen zu bewerten.
3. Hinzu- und Anrechnung von Schenkungen unter Lebenden

§ 781.

(1) Schenkungen, die der Pflichtteilsberechtigte oder auch ein Dritter vom Verstorbenen zu dessen Lebzeiten oder auf den Todesfall erhalten hat, sind der Verlassenschaft nach Maßgabe der folgenden Bestimmungen hinzuzurechnen und auf einen allfälligen Geldpflichtteil des Geschenknehmers anzurechnen.

(2) Als Schenkung in diesem Sinn gelten auch

die Ausstattung eines Kindes,
ein Vorschuss auf den Pflichtteil,
die Abfindung für einen Erb- oder Pflichtteilsverzicht,
die Vermögenswidmung an eine Privatstiftung,
die Einräumung der Stellung als Begünstigter einer Privatstiftung, soweit ihr der

Verstorbene sein Vermögen gewidmet hat, sowie
jede andere Leistung, die nach ihrem wirtschaftlichen Gehalt einem unentgeltlichen Rechtsgeschäft unter Lebenden gleichkommt.

27. Der Oberste Gerichtshof hat hier eine erhebliche Bedeutung: Er hat immer dann, wenn das Recht nicht ganz klar ist, eine Interpretation vorzunehmen. Was hat der Gesetzgeber wie regeln wollen – oder, wenn er das nicht gemacht hat, wie hätte er es sinnvoll geregelt?
So gibt es basierend auf den §§ 578 und 579 ABGB eine reichhaltige Entscheidungspraxis. Einen guten Überblick dazu gibt Rudolf Welser, Der Erbrechts-Kommentar. §§ 531 – 824 ABGB, Wien 2019, Rz. 11 zu § 578 ABGB und Rz. 2 f. zu § 579 ABGB, S. 100 und 102 ff.
Die wesentlichen Entscheidungen (siehe den Kommentar Welser zu den zitierten Randziffern): Ist der letzte Wille auf mehreren losen Blättern errichtet, ist er nur formgültig, wenn die dort befindlichen Textstellen auch inhaltlich eindeutig zusammengehören (4 Ob 29/04z, 5 Ob 52/04i, weiters 2 Ob 192/17z). Besteht der Verdacht, dass ein Testament unzulässige Hinzusetzungen enthält oder Blätter ausgetauscht wurden, muss der Testamentserbe die Einheit nachweisen (2 Ob 78/17k).
28. Der formatierte Text ist dem Rechtsinformationssystem der Republik Österreich entnommen, URL: https://www.ris.bka.gv.at/GeltendeFassung.wxe?Abfrage=Bundesnormen&Gesetzesnummer=10001622, 18.8.2025].

2. Pflichtteilsminderung

§ 776.
(1) Der Verfügende kann den Pflichtteil letztwillig auf die Hälfte mindern, wenn er und der Pflichtteilsberechtigte zu keiner Zeit oder zumindest über einen längeren Zeitraum vor dem Tod des Verfügenden nicht in einem Naheverhältnis standen, wie es zwischen solchen Familienangehörigen gewöhnlich besteht.
(2) Das Recht auf Pflichtteilsminderung steht nicht zu, wenn der Verstorbene den Kontakt grundlos gemieden oder berechtigten Anlass für den fehlenden Kontakt gegeben hat.
(3) Die §§ 773 und 774 gelten sinngemäß für die Pflichtteilsminderung; die Pflichtteilsminderung kann auch stillschweigend durch Übergehung in der letztwilligen Verfügung angeordnet worden sein.

29. Inception, Warner Brothers 2010.
30. Gut verständlich präsentieren Katrin Ewert und Malte Linde, Das Libet-Experiment, URL: https://www.planet-wissen.de/natur/forschung/hirnforschung/pwiedaslibetexperiment100.html [16.8.2025] Aufbau, Inhalt und Bedeutsamkeit.
31. Dieses sieht besondere Vorschriften über die bäuerliche Erbteilung vor, das Gesetz ist unter URL: https://www.ris.bka.gv.at/GeltendeFassung.wxe?Abfrage=Bundesnormen&Gesetzesnummer=10001969 [16.8.2025] einsehbar. Für Tirol und Kärnten gelten besondere Vorschriften.
32. Der formatierte Text ist dem Rechtsinformationssystem der Republik Österreich entnommen, URL: https://www.ris.bka.gv.at/GeltendeFassung.wxe?Abfrage=Bundesnormen&Gesetzesnummer=10001622, [17.8.2025].

Testierfähigkeit

§ 566.
Testierfähig ist, wer die Bedeutung und die Folgen seiner letztwilligen Verfügung verstehen und sich entsprechend verhalten kann.

§ 567.

Hat der Verstorbene seinen letzten Willen in einem die Testierfähigkeit ausschließenden Zustand erklärt, etwa unter dem Einfluss einer psychischen Krankheit oder im Rausch, so ist die letztwillige Verfügung ungültig.

§ 568.

Wer behauptet, dass ein sonst nach § 566 testierunfähiger Verstorbener bei Erklärung des letzten Willens testierfähig war (lichter Augenblick), hat dies zu beweisen.

Alter

§ 569.

Unmündige Personen sind testierunfähig. Mündige Minderjährige können – ausgenommen im Notfall (§ 584) – nur mündlich vor Gericht oder Notar testieren. Das Gericht oder der Notar hat sich davon zu überzeugen, dass die Erklärung des letzten Willens frei und überlegt erfolgt. Die Erklärung des letzten Willens und das Ergebnis der Erhebungen sind in einem Protokoll festzuhalten.

33. Der Wortlaut „Den Menschen zum Unglück hat ihr technischer Fortschritt den moralischen bei Weitem überflügelt“ wird dem britischen Schriftsteller Evelyn Waugh zugeschrieben, siehe URL: https://www.zitate7.de/autor/Evelyn+Waugh/ [12.8.2025].
34. Matrix, Warner Brothers 1999